U0113247

"一带一路"
国际合作的新范式

于洪君◎著

党建读物出版社

（代序）"一带一路"对当今时代的理论贡献及其历史价值[*]

中国倡导和推进"一带一路"国际合作近六年来，建设成果超出预期，国际反响超出想象。一方面，我们提供给国际社会的这份体现中国智慧的公共产品，给很多国家带来了一系列有口皆碑的现实成果，诸如现代化的基础设施、工业园区、民生工程以及贸易的繁荣、投资的增长，等等。另一方面，更为重要的是，在世界上保守主义、孤立主义、单边主义大行其道，反全球化、反区域合作逆势来袭，美国通过贸易战破坏现行国际经贸秩序、破坏世界经济总体走势的大背景下，正在和平崛起的中华民族，为国际社会提供了意义重大而深远的新理念，这就是新的发展观、新的合作观与新的文明观。

一、新发展观为解决人类共同发展难题作出重大贡献

任何民族、任何国家，都必须以发展作为繁衍生息并走向未来的基本条件。但在不同时代、不同国际环境下，不同民族和国家对发展的理解往往不尽相同，发展的路径和结果甚至会相去甚远。这是世界经济不平衡、人类进步不同质的主要原因。

我们所处的当今世界，面临百年未有之大变局。各种各样的矛盾纷争令人眼花缭乱，但谋求经济发展与社会进步，始终是各国人民的主流诉求。中国倡导并全力推动"一带一路"建设，目的不仅是要充

---

* 本文系作者 2019 年 5 月在清华大学与福建省政府共同举办的海上丝绸之路建设研讨会上的发言。

分利用国内外两种资源和两个市场，全面实践打开国门搞建设的发展思路，进一步提高我国自身的发展质量和水平，同时也是要实现中国与周边国家的共同发展、联动发展，进而促进世界上所有地区和国家实现开放发展、合作发展。这样的发展，不只是各个国家之间基础设施互联互通，也不只是在诸多领域开展高质量产能合作；这样的发展，同时也是"一带一路"框架下相关国家发展战略、区域规划、政策法规、管理方式、检疫检验、安全标准直至机制体制的有机结合与对接。

遵循这样的发展理念，世界上所有的民族、国家和地区，最终都将从独自发展转为联动发展，从封闭发展转为开放发展，从粗放发展转为绿色发展，从无序发展转为均衡发展，从不稳定发展转为可持续发展，从低水平发展转为高质量发展。这样的发展观，在国际上得到广泛认可并且被推而广之，显然是人类发展史上的一个巨大进步。

二、新合作观为世界各国休戚与共指明了前进路径

人类社会进入近现代以来，彼此间的联系与交往日益广泛和深刻，相互依存并密切合作是大势所趋。进入 21 世纪后，随着经济全球化不断向纵深发展，人类社会休戚相关命运与共的特点变得更加突出。但在西方国家主导下的经济全球化早期阶段，各国各地区的经济联系、人文交流与安全政策协调，并非是真正意义的平等合作，而是带有鲜明的帝国主义、殖民主义色彩。即使在冷战结束后，以西方发达国家领衔的经济全球化，也明显带有霸权主义和强权政治印迹。广大发展中国家曾深受其害，并为此付出了沉重代价。

中国在倡导和推动"一带一路"建设的过程中，始终以新的合作观为指导，坚持以相互尊重、平等合作为重要基础，以机遇共沾、成果共享为首要前提。坚持这样的合作观，就是要始终秉承共商共建共享的基本原则，既不强人所难，也不勉为其难；就是要充分尊重合作伙伴的意愿和选择，坚持以企业为行为主体，以市场规律为主要依

循；就是要不附加任何政治前提，不把自己的主张强加于人，不包办代替合作伙伴的事务；就是要讲求义利兼顾，义字当头，以义为先。这种既考虑自身利益，又考虑伙伴利益，既考虑长远需要，又考虑现实可能的合作方式，为"一带一路"建设全面推进提供了重要保障，产生了非常积极和无可比拟的示范效应。

中国倡导和实践的这种新型合作观，摒弃了基于阵营对抗理论而形成的平行市场模式，也超越了基于地缘政治利益而构建的势力范围模式，完全符合时代进步的潮流。这种合作既可以是双边的，也可以是多边的；既考虑伙伴双方的利益，也兼顾相关各方的利益；既着眼于经济社会民生等领域的实际需要，也综合考虑环境文化安全等多方面因素；既要为当代人着想，还要为子孙后代负责。总而言之，超越社会制度差异，超越意识形态分歧，超越地缘政治局限，超越发展水平鸿沟，是"一带一路"框架下新型国际合作观的核心要义。

三、新文明观为不同文明形态互学互鉴开辟广阔前景

国际社会从来都是充满矛盾和冲突的对立统一体。处于不同发展阶段和不同表现形态的人类文明，既彼此有别又相互影响，既彼此独立又相互联结。中国在倡导和推进"一带一路"建设的过程中，一开始就旗帜鲜明地提出了完全有别于西方各种文明论的新型文明观。这种文明观强调，文明多元平等是人类社会的基本特征，也是世界进步的重要源泉。文明没有高下、优劣之分，只有特色、地域之别。文明差异不应该成为世界冲突的根源，而应该成为人类文明进步的动力。

坚持和秉承这样的文明观，中国在推动"一带一路"建设过程中，从来不搞并且也坚决反对所谓的经济扩张；不会重踏西方列强抢占国际市场掠夺别国资源的老路；不会效仿超级大国营造势力范围的冷战思维，强行构建地缘政治小圈子；不会输出价值观体系和发展模式，将自己的意志强加于人。一言以蔽之，中国倡导和推动"一带一路"国际合作，既不是谋求地区事务主导权，更不是争夺全球事务影

响力，而是要促使不同社会制度和不同发展水平的国家，在更大范围内互学互鉴，促使当今世界各种不同文明类型，在更高水平上互联互通。归根到底，是要推动各国人民携手并肩，风雨同舟，走向安危相关、繁荣与共的命运共同体。

近六年来，中国与共建"一带一路"国家的贸易总额超过6万亿美元，对这些国家的投资超过800亿美元，增长幅度超过全球平均水平。同"一带一路"沿线国家共建了82个不同形式和规模的合作园区，创造出近30万个就业机会。"一带一路"的新理念与新实践，为持续推进的南南合作开辟了新境界，同时也为徘徊不前的北南合作树立了新标杆，为国际社会共同落实联合国2030议程积累了新成果和新经验。通过"一带一路"国际合作展现出来的新文明观，中华民族为人类文明可持续发展作出了新的贡献！

四、"一带一路"开创的国际合作之路必将越走越宽广

一个月前，举世瞩目的第二届"一带一路"国际合作高峰论坛在北京举行。包括中方在内，总共40个国家的领导人和许多国际组织负责人坐在一起，共商"一带一路"高质量发展大计。论坛达成六大类283项务实合作成果，签署合作项目合同总额达640多亿美元。前前后后共签署百余件多边与双边合作文件。中国倡导和推进的以"一带一路"国际合作高峰论坛为重要平台、以基础设施互联互通与人类文明互学互鉴定为两大前进动力的全球性联动发展与互利合作新体系，正在悄然形成之中。可以说，这是世界百年未有之大变局的主要特点和趋向之一。

当前，人类社会百年未有之大变局的历史当口，各种矛盾彼此交织，多种因素相互作用，国际关系中的不稳定不确定和不可预测性较前突出。中美关系进入了两国建交以来最为严峻的历史时刻。两国在贸易领域中的纠纷和摩擦已经蔓延到人文、科技、金融、安全以及地区和国际事务等诸多领域，形势不容乐观；但毋庸置疑的是，无论前

进之路多么艰辛，无论困难与挑战多么巨大，"一带一路"作为中国与外部世界良性互动的重要途径，作为中华文明与世界文明优势互补的重要桥梁，作为人类社会走向命运共同体的必由之路，必将进一步加强中国在世界格局中的地位和作用，推动人类社会在和平发展合作共赢的道路上行稳致远。"一带一路"国际合作的朋友圈只会越做越大，"一带一路"大业只能越做越辉煌，这将是不可改变的历史大势。

目　录

总论篇：引领世界变革潮流

地区篇：创新合作模式之举

专题篇：拓展文明共生之路

总论篇：引领世界变革潮流

1. "一带一路"建设将在新起点上 全速推进*

2017年5月14—15日在北京召开的"一带一路"国际合作高峰论坛，是继2016年9月G20杭州峰会之后，中国举办的又一主场外交盛事，也是国际社会在中国倡导下，为实现共同发展，相向而行的第一次多边盛举。它的成功召开令人信服地表明，中国倡导并大力推进的"一带一路"，不仅是中国加强与世界良性互动的重大举措，也是推动人类社会走向命运共同体的现实途径。

一、北京峰会推动"一带一路"建设进入全球行动新阶段

"一带一路"国际合作北京峰会，无论从中国自身发展和外交全局来看，还是从国际关系和人类发展进步的角度看，都具有无可比拟的划时代意义。出席会议的外方代表总共800余人，来自世界五大洲130多个国家和70多个国际组织，其中包括29个国家的国家元首和政府首脑。与会嘉宾围绕着"加强国际合作，共建'一带一路'，实现共赢发展"这一鲜明主题，就如何全面推进和落实中国国家主席习近平发出的"一带一路"倡议，进行了充分的协商对话和交流研讨，达成了新的广泛共识。

"一带一路"倡议是2013年9—10月间，习近平主席访问哈萨克斯坦和印度尼西亚时相继提出来的，其核心主张是：中国要创新区域合作模式，加强与欧亚国家的合作，共同建设丝绸之路经济带；中国

---

* 本文系作者2017年6月应约为某民营企业内部刊物撰写的专稿。

要加强同东盟国家的海上合作，用好海上合作基金，共同建设 21 世纪海上丝绸之路。当年 11 月，中央召开周边外事工作座谈会，习近平总书记在会上全面阐述了"一带一路"倡议的重大意义。"一带一路"建设，从此成为中国共产党的战略决策，成为中华民族的集体意志。它既是中国进一步扩大对外开放，更加广泛深入地参与全球化的宣言书，也是中国加速走向国际舞台中心，联手各国推动全球化均衡发展的动员令。

在这次"一带一路"国际合作高峰论坛上，习近平主席高屋建瓴，总揽全局，科学地概括和总结了"一带一路"提出以来，中国与沿线各国以及国际社会共同努力所取得的积极成果。他指出，"一带一路"提出以来的这四年，是政策沟通不断深化的四年，是设施不断加强的四年，是贸易畅通不断提升的四年，是资金融通不断扩大的四年，也是民心相通不断促进的四年。国际社会对习近平主席的这一总结，普遍表示认同和赞赏。

针对国际社会高度关注"一带一路"倡议，但有关"一带一路"的分析、评论和揣测众议纷繁的复杂局面，习近平主席在峰会上特别强调，中国吸引越来越多的国家和国际组织参与"一带一路"建设，归根到底，是要弘扬历史积淀的伟大丝路精神，而丝路精神的实质和精髓，就是"和平合作，开放包容，互学互鉴，互利共赢"。他进一步指出，中国全力推进"一带一路"建设，不是要扩张自己的势力范围，搞地缘政治小圈子，建设自己独有独享的"后花园"，而是要与沿线各国，与国际社会一道，携手共进，打造联动发展、包容发展、互利发展、共同发展的"百花园"。简而言之，中国是要通过推进"一带一路"倡议的实施，在当前历史条件下，开辟出引导人类社会走向命运共同体的"和平之路、繁荣之路、开放之路、创新之路、文明之路"。

会议发表的联合公报，反映了与会各方反对一切形式的保护主义，寻求构建开放的和多边的贸易体制的共同意愿和决心。公报特别强调要致力于推动南南合作、南北合作和三方合作；要推动区域经济一体化，推动中小微企业深入融入全球价值链，加强基础设施联通；要扩大人文交流，增进相互间的理解与信任；要维持和平正义，完善全球经济治理，鼓励私营部门和民间社会共同参与；等等。此次高峰论坛的圆满成功表明，今后一段时期，国际社会将与中国一道共同努力，为新一轮经济全球化和新形式的国际合作，提供新的机遇和动力，推动人类社会朝着构建全面繁荣、和平发展的命运共同体方向持续发展。

二、中国大投入大手笔书写人类社会命运与共大文章

"一带一路"国际合作北京峰会的成功召开，标志着"一带一路"建设已经从宣传动员、组织谋划、初创成果的早期收获阶段，进入全面展开、高速推进、注重实效的成熟发展时期。在中方和与会各方的共同努力下，会议形成了5大类、76大项、270余项具体合作成果。习近平主席满怀信心地宣布，2019年，中国将举办第二届"一带一路"国际合作高峰论坛。

为了确保此次北京高峰论坛所达成共识和成果得到全面落实，推动世界各国与中国一道再接再厉，攻坚克难，朝着更宽领域更高层次的合作目标持续前行，中方决定再采取一些新的举措，为"一带一路"建设凯歌行进注入新的动力。譬如，中国将加大对"一带一路"建设所需资金的支持力度，为中方创办的丝路基金增资1000亿元人民币；将为国家开发银行、进出口银行提供2500亿元和1300亿元人民币专项贷款，用以支持"一带一路"项目，同时鼓励中国金融机构更积极地开展境外人民币业务，使境外基金规模尽快达到3000亿元人民币。

在开展科技合作、教育合作、改善民生、促进民心相通等方面，中国也将采取更大的动作。未来5年，中国将为相关国家提供1万个政府奖学金名额，接待2500人次青年科学家到中国从事科研活动，

为相关国家培训 5000 名科学技术和科学管理人才，建成并投入运行 50 家联合实验室。此外，还要在 3 年时间内，向参与"一带一路"建设的发展中国家和国际组织，提供 600 亿元人民币援助，向南南合作基金增资 10 亿美元。为"一带一路"沿线特困国家提供 20 亿元人民币紧急粮食援助。打造民间组织合作网、新闻合作联盟、音乐教育联盟，丰富多彩的文化年、旅游年、电影节、艺术节等活动，也已纳入"一带一路"人文交流合作的各种规划和平台之中。

在这种形势下，"一带一路"的开放性、包容性、联动性和普惠性特点，将得到进一步的彰显。我国各类企业和机构走出去的机会大大增加。与此相联系，国际关系新变化带来的各种新矛盾、新问题、新风险和新挑战，也必然会同时放大。我国企业和机构走出去参与"一带一路"，不可避免地会遭遇多种风险和考验。政治上，有的国家可能出现政府更迭、政策异变、政出多门、政务腐败之类的问题；经济上，企业在承揽和实施工程项目时，可能会遭遇国内外同行恶性竞争、对外投资缺少回报保障、项目所需技术和人才准备不够等实际困难；安全领域，则可能遭遇环境、社会、宗教等各种非经济因素的干扰和破坏。

在上述所有可能遭遇的风险中，最大的风险莫过于安全问题，即各类走出去的企业、机构和人员可能遇到重大的生产安全和人身安全问题。因此，我们的企业、机构和人员走出去参与"一带一路"建设，既要有机遇意识，也要有风险意识；既要讲经济利益，也要讲安全保障；既要有无所畏惧的勇气，也要作防患未然的准备。在当前情况下，恐怖主义袭击、社会动乱和战争、恶性社会犯罪、大规模疾病流行，都有可能在推进"一带一路"建设过程中造成或引发重大事故。

要开辟国内国际两种市场，利用国内国际两种资源，首先，要深入了解国内国际形势发展变化的基本特点，善于学习和运用国内国际两种规则；其次，还要学会开展政策沟通和民心相通工作。在推进

"一带一路"过程中所要实行的"五通",即政策沟通、设施联通、贸易畅通、资金融通、民心相通中,政策沟通是先导,民心相通是基础。政策沟通和民心沟通,事关国家关系的维系与发展,事关"一带一路"建设这一全球行动的成败与得失。对这项工作,不但国家层面要长期做,地方政府要坚持做,走出去的企业、机构和相关人员,都要积极主动地去做。

应对"一带一路"建设过程中可能遇到的各种风险和挑战,无论政府还是企业,或是其他机构和个人,都要有足够的战略定力和耐心,都要不断积累经验和本领。要始终秉持共商共建共享的基本原则。共商共建共享,不仅要解决推进"一带一路"过程中的大政方针对接、发展思路对接、经济利益对接、环境评估以及社会责任等问题,同时还必须解决风险预警、应急机制、安全保障等问题。

三、创新区域合作模式有助于经济全球化转向再平衡

2017 年 6 月 7—10 日,习近平主席赴哈萨克斯坦进行国事访问并出席了上海合作组织领导人第十七次峰会。哈萨克斯坦是习近平主席"一带一路"倡议的发祥地。在不到四年的时间里,这已是习近平主席第四次访哈。如果说习近平主席 2013 年 9 月对哈萨克斯坦的访问是"鲲鹏击浪从兹始",那么,"一带一路"国际合作北京峰会之后进行的此次访问,则意味着"巨龙腾飞向远方"。

通过此次访问,习近平主席一方面会见哈萨克斯坦领导人,继续夯实两国睦邻友好的战略基础,共同谋划双方务实合作的重点领域;另一方面,他还广泛会晤前来参会的各国领导人,在上海合作组织首次扩员的新形势下,继续宣介有关"一带一路"的构想和主张,动员更多国际力量参与"一带一路"朋友圈。

继 2016 年中哈两国发表丝绸之路经济带建设和"光明之路"新经济政策对接合作规划之后,中哈两国领导人于 2017 年共同发表联合声明,宣布中哈两国将在以下四大领域实现政策性对接:一是中国

新亚欧大陆桥计划、中国—中亚—西亚经济走廊计划与哈方打通国际物流大通道战略相对接；二是中国提出的国际产能合作同哈方加快工业化进程相对接；三是中国陆海联运优势与哈方东向海运需求相对接；四是"数字丝绸之路"倡议与哈方"数字哈萨克斯坦"战略相对接。

此外，双方还同意加强产能与投资合作，同意改善两国贸易结构，支持共建工业园，加强互联互通，深化基础设施建设，加强交通物流、创新、制造业、农业、林业、金融、能源、科技、环保等领域合作；同意加强人文交流，积极开展地方合作，促进两国青年交流，拓展在媒体、教育、卫生、体育、旅游等领域合作。

两国元首签署了中哈联合声明，见证了 10 多份双边合作文件的签署。这些文件的合作内容从基础设施建设到科学文化合作，从金融投资、税务合作、超级计算机项目到中外联合摄制电影，等等。

在上海合作组织元首峰会上，习近平主席发表讲话时特别强调，上海合作组织成员国要强化命运共同体意识，巩固团结协作，携手应对挑战，深化务实合作，拉紧人文纽带，坚持开放包容，携手创造本组织更加光明的未来。谈到上海合作组织如何深化务实合作时，他进一步指出，中方和有关各方正在积极推动"一带一路"建设同欧亚经济联盟建设等区域合作倡议以及哈萨克斯坦"光明之路"等各国发展战略对接，上海合作组织可以为此发挥重要平台作用。他倡议上海合作组织，逐步建立区域经济合作制度性安排，支持建立地方合作机制，积极开展中小企业合作。

包括哈萨克斯坦总统纳扎尔巴耶夫在内，出席上海合作组织此次峰会的各国领导人，重申欢迎"一带一路"倡议。他们高度评价"一带一路"国际合作高峰论坛的成果，表示支持落实有关共识，推动区域经济合作；支持促进贸易和投资便利化，提升本地区互联互通能力；支持加强基础设施建设、创新、金融、环保、科技、卫生、文化、教育、体育、旅游等领域合作，努力使上海合作组织框架下的务实合作，与"一带一路"倡议有机地结合并统一起来。

由于中国的积极推动，由于国际社会的广泛响应，"一带一路"建设目前正在形成全方位拓展、多领域深化、高标准推进的崭新格局。中国以"一带一路"为旗帜，参与并引领新一轮全球化，已经进入期望与压力紧密相联、机遇与风险高度交织的深水区。"一带一路"早已不是习近平主席对世界作出的个人承诺，而是中国共产党人为世界和平与发展承担更多的责任和义务的重要表现，是中华民族为人类繁荣进步共同事业作出新的更大贡献的重要举动。

当然，我们必须十分清楚和冷静地看到，推进"一带一路"建设既是前无古人的崇高事业，也是充满变数和考验的艰难探索。它任重而道远，愈久而弥新。当"一带一路"由中国一家领唱而变成国际大合唱时，不和谐的声音就有可能随时冒出；当"一带一路"的蛋糕越做越大、参与利益分配的伙伴越来越多时，矛盾、纠纷和争执就会接踵而来；特别是反全球化思潮和运动来势更加凶猛时，我们应对"一带一路"的机遇和挑战，就要有更多的选择和手段。

总而言之，当中国把自己的发展和整个世界的发展紧紧交织在一起时，当我们在"一带一路"进程中遇到越来越多的风险和挑战时，我们既要有信心又要有能力，既要讲政策也要讲原则，既要追求经济效益也要兼顾社会责任，既要重视自身发展更要服从国家大局。要学会在困境中因势利导，在利益交织中学会义利兼顾。唯有如此，我们才能在推进"一带一路"建设的伟大事业中，获得越来越广泛的支持，成为越来越有影响的全球力量；"一带一路"的时代风帆，才能在逆全球化倾向严重抬头的复杂形势下驶向更加辽阔的远方；才能在冲破贸易保护主义、投资保护主义壁垒方面卓有建树，引导世界各国通过联动发展、互学互鉴，走向互利合作、共同发展和繁荣的全球化新里程！

2. "一带一路"是中国与世界联动 发展的伟大创举[*]

"一带一路"建设是我们国家的一件大事，也是中国现代化发展进程中的一件大事。全面推进"一带一路"建设，事关"两个一百年"奋斗目标，事关中华民族伟大复兴的历史进程，其战略意义显而易见。目前，国际社会已普遍认识到，"一带一路"倡议不仅是中国进一步扩大对外开放、全面参与国际事务、深化同外部世界良性互动的宣言书，同时也是引领周边国家乃至世界各国共同发展、联动发展、包容发展、合作发展，打造人类命运共同体的动员令。

一、"一带一路"倡议符合历史发展潮流与国际社会诉求

"一带一路"倡议是 2013 年 9—10 月间习近平主席访问哈萨克斯坦和印度尼西亚期间提出来的。此后近四年时间，"一带一路"建设取得了举世瞩目的早期收获和成果。对此，习近平主席精辟地做了总结。他说，这四年是政策沟通不断深化的四年，是设施联通不断加强的四年，是贸易畅通不断提升的四年，是资金融通不断扩大的四年，是民心相通不断促进的四年。

"一带一路"作为具有全球影响的世纪倡议，之所以在哈萨克斯坦和印度尼西亚发出，绝非偶然，而是根植于深厚的历史积淀，并以强烈的现实需求为依据的。

---

[*] 本文系作者 2017 年 6 月在内蒙古自治区发展研究中心举办的一次学术研讨会上的发言。

　　哈萨克斯坦是中亚地区的重要国家，也是我国的重要邻国。古老的丝绸之路，就是从今日的哈萨克斯坦进入西亚、阿拉伯地区和地中海沿岸，向南进入阿富汗、印度和南亚次大陆，向北经过俄罗斯进入欧洲的。所以，哈萨克斯坦所在的中亚地区，自古就是物产交流的集散地，是沟通东西方文明、联结南北方交通的关节点。哈萨克斯坦独立20多年来，中哈两国政治、经贸、人文、安全、地区和国际事务等各领域合作全面推进。中哈关系成为睦邻友好、联动发展的典范。

　　目前，中亚地区共有五个国家，除哈萨克斯坦外，还有吉尔吉斯斯坦、塔吉克斯坦、乌兹别克斯坦和土库曼斯坦。中亚五国与我国的关系目前都很好，和我国的务实合作，特别是基础设施建设、经贸关系和人文交流，取得许多具体成果，也积累了不少宝贵经验，有着更加广泛的现实需求。但是，由于历史和现实等多方面原因，中亚五国相互关系较为复杂，合作发展的意愿较低。我国倡导和推动的多边合作，常常因中亚五国难有共识而无法实施。习近平主席提议本地区各国共建丝绸之路经济带，目的就是要改变中亚五国在发展问题上各行其是、彼此孤立的局面，通过创新区域合作模式，引导本地区各国开展互利合作，推动相关国家携手并进，走共同发展、共同安全、共同繁荣、共同进步之路。这项倡议对于我国自身的发展，对于我国全面拓展发展利益和安全利益，也具有不言而喻的巨大意义。实施这项倡议，可以拓宽我国西部地区走向外部世界的出路，加大西部地区与外部世界合作的步伐，更好地解决我国发展进程中长期存在的地区失衡问题。

　　印度尼西亚是东南亚地区的大国，是东南亚国家联盟总部所在地，是新兴经济体中影响较大的国家，也是中国最重要的海上邻国。中国与印度尼西亚无论在历史上还是在当今时代，都有着千丝万缕的联系，双方的发展利益和安全利益深度交融。历史上，陆上丝绸之路中断后，中国人是从东部沿海出发，经过东南亚走向外部世界的。改革开放以来，我国与东盟各国的关系持续向好，务实合作整体水平不断提高。进入 21 世纪以来，东盟国家努力建设政治、经济和社会文化共同体，在区域合作方面形成许多很有创意的新思路，得到国际社会的认可和赞同。中国与东盟的合作在"10＋1""10＋3"即东盟加中日韩等诸多框架下，得到长足发展，双方贸易额高达 4000 多亿美元，并且还有巨大增长空间。正是在这样的背景下，习近平主席提议中国与东盟加强海上合作，用好中方设立的中国—东盟海上合作基金，共建 21 世纪海上丝绸之路。

可见，建设丝绸之路经济带和 21 世纪海上丝绸之路，最初是两项不同的倡议，是在不同地点分别提出的。但这两项倡议的历史背景和现实需求密切相关，基本主张彼此相通，于是很快被合成为一项倡议，即"一带一路"。当然，"一带一路"倡议提出之初，国内有些方面的反应不是很快。相关部门和机构，包括专家学者们，并没有立即意识到这一倡议的丰富内涵及其战略价值。当年 10 月，中央召开首次周边外事工作座谈会。习近平总书记在会上做了重要讲话。推动"一带一路"建设，从此被纳入我国周边外交总体布局。从这时起，"一带一路"成了我们党的最高决策，变成了我们国家的集体意志，成了中华民族全力以赴的崇高事业。全党内外、全国上下，从此才真正感悟到，"一带一路"是中国提高与外部世界良性互动水平，加快"两个走向"（中国走向世界和世界走向中国）历史步伐的新举措，也是中国引导新一轮经济全球化、推动国际关系健康发展、参与构建世界新秩序的重大行动。

对于"一带一路"倡议的历史和时代需求，我们不能仅从地缘政治一个维度来理解，还要从全球政治和人类发展进程的大视角进行观察和思考。众所周知，进入 21 世纪以来，世界格局发生了前所未有的深刻变化，其突出特点就是美国作为世界头号大国，进入国力相对萎缩、影响相对滑坡的下行通道，中国作为最大的发展中国家，进入了综合国力急剧增强、国际地位和作用明显提升的上行区间。此外，美欧国家近年来经济社会发展陷入窘境，社会上的失望和绝望情绪蔓延滋长，保护主义、孤立主义、民粹主义和极端民族主义应运而生。
再加上中东地区发生大规模动乱和战乱，难民效应外溢到整个西方世
界，抵制区域合作、反对经济全球化的社会思潮和政治运动逆势来
袭。而我国在不断对外开放、广泛参与经济全球化过程中取得巨大进
步，今后仍要以扩大开放和合作发展作为基本国策，这就需要在更广
泛的领域中，在更大的程度上，融入国际社会，把我国的发展进步，
与世界各国的发展进步紧密地衔接起来。因此，中国旗帜鲜明地反对
贸易保护主义，反对投资保护主义，坚定不移地提倡贸易和投资便利
化，积极支持并大力推动区域一体化和经济全球化，倡导并引领世界
范围内的大开放大发展大合作进程。这是习近平主席提出并大力推进
"一带一路"建设的国际大环境和时代大背景。

　　综上所述，可以说，"一带一路"作为世纪倡议横空出世，是历
史的必然，是时代的呼唤。迄今为止，世界上还没有哪个国家领导人
有这么大的政治胆识和魄力，没有哪个国家执政党有这么大的动员力
和影响力，能在如此短暂的时间内，把自己的战略构想和政策主张，
变成广泛响应、全球参与的全球行动。因此，国际上有人说"一带一
路"是"世纪倡议"，绝非夸大其词。

二、"一带一路"建设的核心任务是实现"五通"

　　"一带一路"建设是前无古人的伟大创举，是牵动整个国际关系
的全球行动。要实现这个无比恢宏的世纪倡议，必须充分认识和理解
其核心任务，这就是我们耳熟能详的"五通"，即政策沟通、设施联
通、贸易畅通、资金融通和民心相通。实际上，"一带一路"建设中
的这"五通"，最初的提法和解释与现在并不完全一致。我们研究并
推动实施"一带一路"建设，必须充分注意到"五通"提法的前后
差异，准确把握"五通"概念的内涵变化及其相互关系。

　　2013 年 9 月，习近平主席在哈萨克斯坦首都阿斯塔纳的纳扎尔巴
耶夫大学发表演说，倡议共建丝绸之路经济带时，提议先从几个方面

做起来，以点带面，从线到片，逐步形成区域大合作。具体而言就是要加强丝绸之路沿线各国的政策沟通、道路联通、贸易畅通、货币流通和民心相通。2015年3月，国家发改委、外交部、商务部受国务院委托，发布了《推动共建丝绸之路经济带和21世纪海上丝绸之路的愿景与行动》白皮书。这份非常权威的政府文件，将"一带一路"建设中的"五通"，重新界定为政策沟通、设施联通、贸易畅通、资金融通和民心相通。我们党和国家领导人后来在国内外许多场合论述"五通"时，使用的都是这份政府白皮书的新概念。有关部门的宣传和解释工作，也是根据政府白皮书中的"五通"概念展开的。那么，这"五通"之间又是什么关系呢？

（一）**政策沟通是先导**。所谓的政策沟通，很大程度上是政治沟通。从事政策沟通的，不仅是党和国家领导人，还要有中央政府各部门、地方政府不同层面的广泛参与，也包括走出去参与"一带一路"建设的大企业。政策沟通，一是要实现我国"一带一路"倡议与相关国家发展战略的对接，二是要实现合作机制与规则以及具体政策的对接，三是要实现具体项目运作方式方法的对接，包括环境和技术标准、风险评估与防范、安保体制和应急机制的对接。离开充分的和有效的政策沟通，再恢宏的蓝图都是一纸空文，再积极的倡议都是一厢情愿。

（二）**设施联通是关键**。这里所说的设施联通，不只是最初我们设想的道路联通，而是与交通运输相关联的所有设施的互联互通。这种广义上的互联联通，不仅包括公路、铁路、海运、河运、空运，还包括油气管道、光纤电缆、通信设施、水电气等各种管网，也包括与此相关的码头、港口、机场、电站、保税区、储运仓库、工业园区、互市贸易区、产能合作区，等等。没有广义和持久的设施联通，要创新区域合作模式，提高经济一体化水平，实现共同发展和进步，是做不成、做不好、做不大、也做不长久的，我国和周边国家乃至整个世界实现高水平的联动发展，也就无从谈起。即便有所行动，也是浅尝辄止，无法实现广泛突破，更不会有特别大的进展。

（三）**贸易畅通是目的**。通过政策沟通推进设施联通，最终目的是实现更大范围、更高水平的贸易便利化和自由化，使"中国制造"，也就是中国产品更大规模地走向外部世界，同时使外国制造的优质产品更多地进入中国市场，不断推动我国所在地区和整个世界的贸易大发展、技术大交流、人员大流转，进而实现经济大繁荣、安全大改观。这样的贸易畅通，自然而然地会改善国与国之间的贸易结构，实现国与国之间的贸易平衡，在地区和全球范围内扩大贸易种类，使服务贸易、技术贸易、文化贸易等各种各样的贸易形式，与传统的货物贸易一样，成为国际贸易的重要组成部分。

（四）**资金融通是保障**。"一带一路"建设是长期的规模巨大的全球行动。除基础设施互联互通外，不断扩大的产能合作和资源能源合作，都必须有巨量而可靠的资金支持，这就需要建立强有力的融资机制，需要建立有别于世界银行、亚洲开发银行的新型金融合作平台。早在"一带一路"倡议发出之前，中国就已经与相关国家建立了一些合作基金，如中国—东盟海上合作基金、中非发展基金、中国—中东欧投资合作基金等。但是，要解决"一带一路"建设的资金保障问题，这些远远不够。因此，"一带一路"倡议发出后，中国立即成立了完全由本国出资的丝绸之路基金，同时发起成立了亚洲基础设施投资银行，另外又建立了一些新的基金，如中哈产能合作专项基金、中拉产能合作投资基金等。近来，中国对已经建立的基金，如中非发展基金、丝绸之路基金等，大幅度增资，同时还准备成立中俄地区合作发展投资基金，并为中国金融机构开展境外业务提供更大的财政支持。随着"一带一路"建设的不断推进，资金融通的保障作用还将进一步增大。

（五）**民心相通是基础**。我们常说，国之交在于民相亲。我们在丝绸之路沿线国家和更广泛的区域内推动"一带一路"建设，推动基础设施互联互通，推动开放发展、合作发展、联动发展与共同发展，无论如何都会触及国家主权、安全、责任、利益、国与国关系等重大敏感问题。再加上国际上某些势力害怕中国和平崛起，常常故意抹黑中国，在中国对外经济活动中制造混乱，"一带一路"建设在某些国家，或者在某些时间段内，可能遭遇某种社会力量，如媒体、环保组织以及跨国非政府组织（NGO）等所谓民间势力的抵制和干扰。有鉴于此，宣介和推动"一带一路"建设，必须高度重视释疑解惑工作，让国际社会特别是合作伙伴，深入理解"一带一路"与合作共赢的关系，对我们的良好意愿形成广泛的认知和认同。民心相通工作，政府要做，企业也要做；媒体要做，智库更要做。工作主体要多元化，内容要多样化，手段要现代化，形式要本土化。只有真正做到民心相通，实现民情顺达、民意牢固，"一带一路"建设才能平稳推进，也才能行稳致远。

需要指出的是，实现"五通"是我们推进"一带一路"建设的核心任务，但不是目的本身。我们的最终目的，是要在实现"五通"的过程中，全面弘扬历史积淀的"和平合作、开放包容、互学互鉴、互利共赢"的伟大丝路精神，为陷入混乱、失序和迷茫状态的国际社会，开辟出和平之路、繁荣之路、开放之路、创新之路、文明之路，引导人类社会逐步走向命运共同体。

三、"一带一路"建设重点在于"六大经济走廊"

"一带一路"是牵动全世界、惠及全人类的伟大事业。未来将有越来越多的国家参与到这一全球行动中来。但是，"一带一路"建设重点还是丝绸之路沿线国家，首先是中国周边的发展中国家。从这个意义上说，实施彼此关联而又各具特色的"六大经济走廊"计划，对全面落实"一带一路"倡议极为关键。国内相关部门和地方政府，特别是有意走出去的企业，尤其要了解"六大经济走廊"的基本内涵、发展态势和未来走向，要准确把握这些经济走廊在不同阶段的不同进展、建设中面临的不同任务和所要解决的主要问题。

（一）**中巴经济走廊**。中国与巴基斯坦共建经济走廊的构想，是2013年5月李克强总理访巴期间提出来的，可以说早于"一带一路"倡议。中国之所以提议与巴基斯坦共建经济走廊，是因为中巴两国早已建立起全天候战略合作伙伴关系，政治互信程度和务实合作水平都很高。双方携手共建经济走廊，不仅可以使中国从中东进口的石油天然气缩短绕道马六甲的航程，经过巴基斯坦径直进入中国，同时也可以使中国走向外部世界的通道更加多元，使中国西部同外部世界的联系更加便捷。2015年3月，发改委等部门发布的"一带一路"白皮书，确认了中巴经济走廊的特殊意义。当年4月，习近平主席访巴，中巴双方签署数十项合作协议，协议金额高达400多亿美元。当时，习近平主席在巴基斯坦议会发表了题为《构建中巴命运共同体　开辟合作共赢新征程》的演说。他郑重宣布："中巴经济走廊是中巴实现共同发展的重要抓手。我们要发挥走廊建设对两国务实合作的引领作用，以走廊建设为中心，以瓜达尔港、能源、基础设施建设、产业合作为重点，形成'4+1'合作布局。"目前，中巴经济走廊被视为"一带一路"旗舰项目，中方对这条走廊的支持力度在不断增大，据巴基斯坦方面透露，中方对中巴经济走廊的实际投资目前已经超过600亿美元。

（二）**中蒙俄经济走廊**。中蒙俄三国共同建设经济走廊的构想，学术界早有讨论。2014年9月习近平主席出席中蒙俄三国元首会晤时表示，中蒙俄三方可以共同努力，把丝绸之路经济带与俄罗斯跨欧亚大铁路、蒙古国草原之路倡议进行对接，打造中蒙俄经济走廊。2016年6月，三国元首在塔什干共同见证签署了《建设中蒙俄经济走廊规划纲要》。根据这份纲要，中蒙俄三方将重点关注以下合作领域：一是交通基础设施发展及互联互通；二是加强口岸建设和海关、检验检疫监管；三是加强产能与投资合作；四是深化经贸合作；五是拓展人文交流合作；六是加强生态环保合作；七是推动地方及边境地区合作。一般认为，建设中蒙俄经济走廊主要有两个通道，其一是从华北京津冀经过内蒙进入蒙古国和俄罗斯，其二是沿着老中东铁路穿越东北三省进入俄罗斯远东。目前看，俄罗斯和蒙古参与这条经济走廊建设的积极性和主动性明显增强，中蒙俄经济走廊建设总体前景看好。但是，俄罗斯与中国毗邻的远东地区地广人稀，蒙古国总共只有300多万人口，两国人口资源和市场潜力相当有限，大规模开展对华合作意愿不是很高。蒙古国各党派有时还把蒙中关系当作相互间开展政治斗争的筹码和工具。中蒙俄经济走廊建设，自然也会有很多变数。

（三）中国—中亚—西亚经济走廊。这条经济带以新疆为起点，经过中亚五国即哈萨克斯坦、吉尔吉斯斯坦、塔吉克斯坦、乌兹别克斯坦和土库曼斯坦，进入伊朗、土耳其以及阿拉伯地区各国，包括海湾地区的沙特阿拉伯等国。目前，中亚地区形势总体稳定，西亚地区政治形势相当复杂。某些国家正处于严重动乱和战火之中。地区大国之间的关系变化多端，不稳定不确定和不可测因素太多。中国在这个方向的合作伙伴国，主要是中亚五国，与土耳其、伊朗、沙特阿拉伯等地区大国的关系也稳中向好。但是，从地区形势发展变化的全局来看，要在中国—中亚—西亚之间建成一条各国间紧密联系、相向而行、密切合作、长期稳定的经济走廊，打造出我们所期望的区域合作新模式和联动发展新格局，还有相当大的难度，还有很长的路要走。

（四）中国—中南半岛经济走廊。中国所设想的这条经济走廊，东起中国珠三角地区，西起西南各省区，陆路通道可通过广西和云南，进入越南、老挝、柬埔寨、泰国、马来西亚，远至新加坡等国。中国的目的是要以国内外沿线的大中城市为依托，以现有的和即将建设的铁路公路为载体，以不断扩大的人流、物流、资金流和信息流为基础，加快形成以中国为龙头、相关各方紧密合作的区域经济体，开辟中国与东盟休戚与共的合作新境界。2014年12月，李克强总理出席大湄公河区域经济合作第五次领导人会议时，曾就中国与中南半岛国家加强合作提出具体建议和主张，其核心思想，一是发掘新的增长动力，二是打造融资合作新模式，三是促进经济社会可持续发展和协调发展。2016年5月，围绕中国—中南半岛经济走廊建设，有关各方曾签署9大项合作文件，投资总额预计784亿美元。目前，影响较大且进展良好的有印尼雅万铁路，连结中国与老挝的中老铁路，位于中老边境的磨憨—磨丁跨境经济合作区、中越北仑河二桥、中越峒中—横模大桥、中泰铁路、中缅铁路、马六甲海域人工岛及港口和工业园区等。已经通车的新滇越铁路、中国—东盟信息港、中缅原油管道等，也属于中国—中南半岛经济走廊的标志性工程。

（五）**新亚欧大陆桥经济走廊。**新亚欧大陆桥也就是第二亚欧大陆桥，它东起中国江苏连云港，经过中国与哈萨克斯坦边境的阿拉山口，西至荷兰鹿特丹，全长1万多公里，辐射30多个国家。是一条早就形成的国际铁路运输线。在中国境内，这条运输线途经7个省区，因此，围绕这条国际交通线建设经济走廊，很多项目实际上要在中国国内实施，与国内经济社会发展、产业结构调整、生产力重新布局，特别是与京津冀协同发展，与华北城市群建设密切相关。也有一些项目，如物流仓库、工业园区、产能合作基地等，可以在中哈边境实施，与中国—中亚—西亚经济走廊建设密切衔接。2011年开通的中欧货物运输班列，即通常所说的中欧班列，目前已成为新亚欧大陆桥经济走廊建设的重要组成部分。完善中欧班列，在某种程度上成了新亚欧大陆经济走廊建设的重要内容。

（六）**孟中印缅经济走廊。**在孟中印缅四国之间建设一条经济走廊，有关专家和学者20多年前就已经进行过学术性研讨。2013年春李克强总理访问印度期间，阐述了中方关于建设孟中印缅经济走廊的建议，得到印度、缅甸和孟加拉国不同程度的呼应。当年12月，中国有关方面在昆明主办了孟中印缅经济走廊联合工作组第一次会议，各方在会议上确定了联合研究计划，正式建立并启动了四国政府共同推进经济走廊建设合作机制。然而，后来的情况表明，有的国家对于建设这条经济走廊并不十分热心。除中方外，相关工作在其他国家进展非常迟缓。"一带一路"国际合作高峰论坛召开时，印方没有参加，对"一带一路"的支持度明显下降，中印边境地区局势不稳。缅甸中央政权与民族地方武装之间的冲突时起时伏，也将严重影响孟中缅印经济走廊建设计划。

通过比较可以看出，"六大经济走廊"建设难度还是很大的。但习近平主席已经表态，万事开头难。"我们已经确立'一带一路'建设六大经济走廊框架，要扎扎实实向前推进。"

四、"一带一路"峰会成果显著，国际合作扬帆远航

2017年5月在北京召开的"一带一路"国际合作高峰论坛，标志着"一带一路"建设由组织谋划、宣传动员、早期收获的初始阶段，转向全球推进、精耕细作、加速发展的新阶段。

"一带一路"国际合作高峰论坛，发表了凝聚许多共识的《"一带一路"国际合作高峰论坛圆桌峰会联合公报》，同时还产生5大类、76大项、270多项具体成果。正是基于这些成果，中方决定，中国从2018年起，将举办国际进口博览会，2019年将举办第二届"一带一路"国际合作高峰论坛。高峰论坛今后要定期举办，要成立论坛咨询委员会和论坛联络办公室。

在这次高峰论坛上，习近平主席面对国际局势变数增多、反全球化运动愈演愈烈等新情况坚定地表示，中国将深入贯彻创新、协调、绿色、开放、共享的发展理念，将通过自身的持续发展，"为'一带一路'注入强大动力，为世界发展带来新的机遇"。针对国际上某些势力别有用心的诽谤宣传，他强调，中国推进"一带一路"建设，"不会干涉他国内政，不会输出社会制度和发展模式，更不会强加于人"。中国"不会重复地缘博弈的老套路，而将开创合作共赢的新模式；不会形成破坏稳定的小集团，而将建设和谐共存的大家庭"。

为表达中方继续推进"一带一路"建设的意志和决心，习近平主席宣布，中国将加大对"一带一路"建设的资金支持，向丝路基金新增资金1000亿元人民币，鼓励金融机构开展人民币海外基金业务，

规模预计约 3000 亿元人民币。中国国家开发银行、进出口银行将分别提供 2500 亿元和 1300 亿元等值人民币专项贷款，用于支持基础设施建设、产能、金融合作。中国还将同亚投行、金砖国家开发银行、世界银行及其他多边开发机构合作，共同支持"一带一路"项目。

此外，习近平主席还宣布，中国还将启动"一带一路"科技创新行动计划，开展科技人文交流、共建联合实验室、科技园区合作、技术转移四项行动。未来五年，将安排 2500 人次青年科学家来华从事短期科研工作，培训 5000 人次科学技术和管理人员，投入运行 50 家联合实验室。未来三年，将向参与"一带一路"建设的发展中国家和国际组织提供 600 亿元人民币援助，建设民生项目。另外，将提供 20 亿元人民币紧急粮食援助，并向南南合作援助基金增资 10 亿美元，在沿线国家实施 100 个"幸福家园"、100 个"爱心助困"、100 个"康复助医"项目。向有关国际组织提供 10 亿美元，落实惠及沿线国家的合作项目。

2017 年 1—4 月，"一带一路"建设又取得新的重要成果。据商务部统计，其主要表现是：第一，与沿线国家贸易投资合作加深，其中，中国与沿线国家货物进出口额为 3891 亿美元，同比增长 19.2%；对外非金融类直接投资为 46.7 亿美元，同比增长 17.3%；对外承包完成业务额 242 亿美元，同比增长 27.7%。第二，区域一体化进程加快。中国与格鲁吉亚自贸协定正式生效，与毛里求斯举行首轮自由贸易协定谈判，与俄罗斯主导的欧亚经济联盟签署经贸合作协定，中巴自贸协定第二阶段谈判继续推进。第三，重大项目建设取得积极进展，亚吉铁路开通商业运营，瓜达尔港自由区正式开园，蒙内铁路运行情况良好，中白工业园一期基础设施建设完工，中国老挝磨憨—磨丁经济合作区、中国哈萨克斯坦霍尔果斯国际边境合作中心等建设速度加快。截至 4 月底，中国在沿线国家建设境外经贸合作区已有 75 个，累计投资 252 亿美元，入区企业超过 3800 家，上缴东道国税费 17 亿美元，为当地解决就业 22 万个。

五、推动"一带一路"持续发展必须规避各种风险和挑战

北京峰会之后，国际社会对"一带一路"建设是指导中国全面走向外部世界的大战略，是描绘全球共赢发展新蓝图的大手笔，认识得更加到位。但我们国内有人却不够理解，甚至对我们迅速扩大对外投资和援助规模，不断扩大国外基础设施建设合作说三道四。对此，有关部门还要深入细致地做好宣传解释工作。中国故事，特别是"一带一路"建设中的动人故事，不但要讲给外国人听，也要讲给本国人听。要让我们全党全社会充分认识到，改革开放以来，我国积累了巨大的发展潜能，国内资源禀赋和市场规模，已无法满足进一步发展需要。我们必须把国内发展和境外发展统筹起来，把自身发展同周边发展结合起来，把中华民族繁荣富强的伟大事业同世界各国共同进步的历史进程衔接起来。舍此别无他路。我们不是在做亏本买卖，我们谋划的是共同发展的大棋局。

从这个意义上说，推动"一带一路"建设的过程，绝不单纯是中国企业走出去的过程，而是中国以更大决心和步伐走向外部世界的过程，是博大精深的中华文明广泛而深刻地融入绚丽多彩的人类文明的过程。因此，推动"一带一路"建设，不仅把中国制造的产品、装备、中国的技术和标准带了出去，更重要的也把中国形象、中国文化、中国经验、中国智慧、中国方案带了出去。

推动"一带一路"建设，本质上是中国走向世界、世界走向中国的过程。在这个漫长、曲折、复杂并充满变数的过程中，我们不可避免地会遇到这样或那样的风险、意外和挑战。这些风险、意外和挑战，可能是政治上的，也可能是经济上的；可能是技术方面的，也可能是环境方面的；当然还可能是安全方面的，是社会文化方面的。我们走出去的企业，在个别国家或个别项目上，可能因自身能力、经验不足或应对不当而遭遇挫折和失败。

对此，从宏观上说，国家应从战略层面加大对"一带一路"建设

的风险评估，要预判未来若干年内或更长一个历史时期，世界局势是否能总体稳定，中国周边地区有无可能爆发高强度冲突，中国与某些国家的关系有无可能发生重大变故。国家既要对走出去的企业提供强有力的政治支持，更要提供及时而准确的政策指导、必要的风险提示和全面而可靠的安全保障。

从微观上说，走出去的中国企业，是我们全面推进"一带一路"建设的主力军。无论国企还是民企，都必须以国家利益为重，秉持共商共建共享三项基本原则，做好政策、规则与标准的三位一体联通；都要学会利用国内国际两种规则，学会处理各方面的利益关系，学会义利兼顾，以义为先。任何时候任何情况下，都不能勉为其难，不能强人所难，而要像习近平总书记所要求的那样，因势利导，顺势而为。企业拥有走出去的足够实力，也必须不断加强自身能力建设，努力建立风险评估和应对机制，注意积累化解危机的资源和手段。要特别注意国家形象，自觉维护国家利益。运作和实施具体项目，要对所在国安全形势、宗教文化、民风民俗、法律规范、外汇制度、劳工制度、签证制度、消防标准等问题，进行深入细致的分析研判。中国驻外使领馆，既要为走出去的企业提供优质高效的服务和保障，同时也要做好严格的行为规范和政策指导。

"一带一路"建设辉煌而艰巨，任重而道远，凯歌行进的根本保障，在于中国人自己，在于我们全党全国人民坚持不懈的共同努力！

3. 强化"一带一路"国际合作 引导国际格局有序变革[*]

一年前的今天，即 2017 年 5 月 14 日，"一带一路"国际合作高峰论坛在北京隆重召开。一周年后，我们在这里聚集一堂，全面回顾和总结"一带一路"倡议提出 4 年多来已经取得的各方面成果和经验，深入研究和探讨持续推进"一带一路"建设面临的新形势新任务，无论对于加速"中国走向世界和世界走向中国"这一双向互动的伟大历史进程，还是对于适应国际关系新变动并引领国际格局变革新趋势，都具有显而易见的意义和价值。我完全相信并真诚预祝此次高规格高水平的论坛能够取得丰硕成果。

众所周知，目前我们所生活的世界，仍然处于冷战结束以来持续未已的大发展、大变革、大调整的历史过渡期。一方面，人类社会走向进步和繁荣的步伐大大加快，和平发展与合作共赢作为不可阻挡的时代潮流汹涌浩荡；另一方面，世界格局转换与力量对比嬗变引发的矛盾和冲突令人始料不及。面对层出不穷的问题、困难和挑战，国际社会陷入了严重的迷茫与困惑之中。正是在这种形势下，习近平总书记于 2013 年秋发出了中国与周边国家乃至全世界共同努力，开展"一带一路"建设，以求共同发展与进步的"世纪倡议"，并于 2017 年 5 月在北京成功地举行了"一带一路"国际合作高峰论坛，为"一带一路"建设全面、深入、持久、平稳地向前推进指明了方向和路径。

---

　　* 本文系作者 2018 年 5 月 14 日在上海社科院等单位共同主办的首届"一带一路"上海论坛上的讲话。

　　4 年多来，特别是北京高峰论坛后的一年多来，"一带一路"建设全面推进取得了举世公认的辉煌成果，国际社会对"一带一路"倡议的认知、认同和认可度越来越高，支持、赞赏和参与"一带一路"建设的国家、区域组织和国际机构越来越多。大量数据和事实已经无可辩驳地证明并将继续证明这一点，这里无须赘言。但与此同时，我们也必须看到，世界上的事情是复杂的，是受多方面因素决定、影响的。要持之以恒地在全球范围内顺利推进"一带一路"建设，使这一"世纪倡议"由良好愿景变成美好现实，我们还有许许多多的工作要做，首先要做好下面的"四个强化"。

　　第一，要强化"一带一路"国际合作的对外解读。"一带一路"倡议提出以来，我们在对外宣传方面已经做了大量工作，"一带一路"不仅成了我国处理对外关系的高频词，同时也成了国际关系领域中的常用语。但不可否认的是，由于我们自身工作的某种不足和不难理解的外部原因，"一带一路"被曲解、误读和有意歪曲的问题仍很突出。我们要通过媒体宣传和人与人当面交流相辅相成，"走出去"与"请进来"共同研讨相互结合等多种方式，继续加大"一带一路"对外传播的工作力度，努力提高"一带一路"外宣工作的质量和效果，使周边国家和国际社会真正认识并能准确把握"一带一路"意在共同发展与繁荣的真谛和要义。

　　第二，要强化"一带一路"国际合作的政策沟通。任何国家的基础设施建设，都是涉及国计民生的大问题，都与国家的经济发展、经济安全密切相关。我们与任何国家开展互联互通建设，都会涉及双方的利益格局和利害关系，都会不同程度地涉及国家主权与尊严。因此，"一带一路"建设中任何项目的推介、启动和运行，都要始终不渝地坚持开展政策沟通。这种政策沟通应当是广义的而不是狭义的，是长期的而不是权宜的；不仅涉及具体项目和工程，而且要涉及发展理念和思路；不仅涉及一个国家，有时还要涉及多个国家和区域组织；不仅在做政府和政治家的工作，同时还必须做地方政要、民间机构和非政府组织的工作。

第三，要强化"一带一路"国际合作的实践创新。"一带一路"建设是我们中国人提出来并全力推动的，但却是以相关各国广泛参与、国际社会同舟共济为其主要实现方式的，是在基础设施互联互通大力推进的同时，经贸合作、金融合作、科技合作、人文合作、安全合作、生态合作齐头并进的大事业，是人类社会全方位、深层次、多领域共谋发展的新事物，是创新发展、再创新再发展、循环往复而没有止境的长期实践的过程。要高度重视"一带一路"实践中的政策创新、技术创新与合作方式创新。

第四，要强化"一带一路"国际合作的经验推广。"一带一路"建设是我国坚持对外开放基本国策的集中体现，是中华民族顺应历史大势与时代诉求而展开的长期行动。"一带一路"倡议的国际性与长期性，决定了"一带一路"建设的包容性与开放性。这也是"一带一路"建设中合作伙伴和整个国际社会对我们的共同期待和要求。我们不但要全面总结"一带一路"建设的业绩和成果，还要注意总结"一带一路"建设中所积累的宝贵经验，注意"一带一路"建设经验的推广和复制，将更多国家和伙伴吸引到"一带一路"建设的伟大国际事业中来。

当前，国际力量对比关系的改变进一步加剧，中国作为世界第二大经济体和负责任的发展中大国的地位和作用急速上升。由此引发的全球治理改革、国际格局转换和世界秩序调整，都在向纵深发展。国际形势发展变化中的不稳定性、不确定性和不可测性，比以往任何时候都显得分外突出。尤其是 2017 年 1 月唐纳德·特朗普就任美国总统后，让"美国重新伟大"的理念和政策，使后冷战时代的强权政治有了新发展。经济霸权与军事冒险相互叠加的美式霸权主义，具备了孤立主义与扩张主义互为表里的新形态。美国与外部世界的关系，正在"美国第一""美国优先"的口号下全面重塑。国际社会普遍公认的一些国际关系准则和以此为基础的国际秩序，包括国际贸易规则和世界经济秩序，都受到了肆无忌惮的冲击和挑战。中美共建新型大国关系的进程遭遇严重挫折。国际社会谋求均衡稳定协调的大国关系与互利合作共赢的新型国际关系的努力，蒙上了巨大阴影！

在这种形势下，中国特色大国外交的动向与走势，对国际关系的影响和牵动作用也愈加突出。"一带一路"倡议作为推动共同发展的中国方案，作为中国特色大国外交的重要引擎，带动国际格局有序变革的意义和作用，将不可避免地倍加彰显。因此，我们要因势利导，积极谋划并努力做好如下四个方面的工作。

第一，通过互联互通，开辟区域性全球性联动发展新路径。我们所倡导和推进的"一带一路"建设，本质上是要通过不断加强各国间的基础设施互联互通，使中国与周边地区乃至整个世界，最终形成一个相互连接、密切依存进而又高度统一的大市场，为最大限度地实现货物、人员以及资金、技术的自由流通创造条件，这本身就是区域一体化和经济全球化不断拓展和深化的过程。在当前反一体化、反区域化和反全球化逆流浊浪翻腾的形势下，"一带一路"建设健康平稳地向前推进，本身就是在开辟区域性全球性联动发展的新道路。

第二，通过广泛合作，构建多种形式交流平台与伙伴关系网。倡议并大力推进"一带一路"建设，是我们中国共产党人和中华民族为世界和平发展、为人类共同进步作出的独特贡献，其实现必须以异常广泛和深入的国际交流与合作为前提，这种交流与合作首先是双边的，同时也必须有多边的配合和补充。交流与合作的内容，涉及政治、经贸、金融、科技、人文、安全、生态、海关、标准等所有领域，因而需要搭建形式灵活多样的对话机制与交流平台。要高度重视"一带一路"国际合作高峰论坛的引领作用，注意发挥"中国＋"、亚投行、丝路基金以及上海合作组织、金砖合作等新型国际组织的独特影响，不断扩展"一带一路"国际合作的伙伴关系网。

第三，通过互利共赢，打造利益深度交融与责任共担的国际关系新格局。倡导并推进"一带一路"建设，首先有助于我们更好地利用国内国际两种资源两个市场，有利于中华民族走向繁荣富强和全面复兴，但我们奉行的是义利兼顾、以义为先的新型合作观，谋划的是互有所得、互利共赢的大棋局，追求的是命运与共的大目标。因此，在规划和实施"一带一路"项目时，要始终着眼于利益交融、着眼于责任与共、着眼于风险共担、着眼于成果共享，推动形成平等相待、友好协商、共同发展的国与国关系新局面，进而推动形成经济发展均衡而普惠、安全合作平等而持久的国际关系新格局。

第四，通过优势互补，实现文明互通互鉴，推动人类社会走向共同发展与进步。人类社会是多元文明共存共荣的联合体，是多种管理模式和多种发展道路相互作用的大家庭。各个民族和不同国家之间的相互联系与密切依存，必须也只能通过自然资源互补和发展经验共享来实现。"一带一路"的提出并推进，归根到底，有助于世界各国不同发展路径的沟通与合流，有助于不同文明发展路径的互学与互鉴。因此，借助"一带一路"推动世界多极化和经济全球化、改善全球治理、促进人类命运共同体意识的生成和发展，应当成为我们开展"一带一路"建设始终不变的出发点和落脚点。

4. "一带一路"国际合作与大国 关系发展路径*

我们所生活的世界，目前仍处于冷战结束后持续未已的大发展、大变革、大调整的历史过渡期。一方面，随着科技革命飞速发展、各国间的经济与人文联系日益紧密，人类社会走向进步和繁荣的步伐大大加快，和平发展与合作共赢作为不可阻挡的时代潮流汹涌浩荡；另一方面，随着地缘政治裂变不断加深，世界格局转换与力量对比嬗变引发的矛盾和冲突此起彼伏，令人始料不及。面对层出不穷的问题、困难和挑战，国际社会越来越严重地陷入了深度迷茫与困惑之中。正是在这种形势下，习近平总书记于2013年秋发出了中国与周边国家乃至全世界共同努力，开展"一带一路"建设，以求共同发展与进步的"世纪倡议"，并于2017年5月，在北京成功地举行了"一带一路"国际合作高峰论坛，为"一带一路"建设全面、深入、持久、平稳地向前推进指明了方向和路径。

"一带一路"国际合作，是以习近平同志为主要代表的中国共产党人为解决世界各国面临的共同任务、困难和挑战而提出的中国方案，是勤劳智慧的中华民族为推进人类社会共同发展和进步而作出的庄严承诺。要全面而深透地理解和把握"一带一路"国际合作的思想精髓和实践要义，首先要完整而系统地学习和领会习近平总书记的国际政治思维和国际关系理论，全面贯彻和执行新时代中国特色大国外交的指导思想、总体布局、基本主张和政策目标。其中最主要的，我

---

* 本文为作者2018年9月在华侨大学厦门校区讲演稿（有删节）。

认为有以下几点。

第一，关于推动建立人类命运共同体的构想。习近平总书记多次讲过，中国梦与各国人民的梦想息息相通。"实现中国梦离不开和平的国际环境和稳定的国际秩序"，中国将"始终不渝走和平发展道路"，"奉行互利共赢的开放战略"，"坚持正确义利观，树立共同、综合、合作、可持续的新安全观，谋求开放创新、包容互惠的发展前景，促进和而不同、兼收并蓄的文明交流，构筑尊崇自然、绿色发展的生态体系"。

第二，关于中国共产党的性质和历史使命。习近平总书记在党的十九大报告中明确指出，中国共产党既是"为中国人民谋幸福的党，也是为人类进步事业而奋斗的党，我们党始终把为人类作出新的更大贡献作为自己的使命"。这是他对中国共产党立党宗旨和崇高目标所做的精准表述，也是对我们党不变初心与历史使命所作的最富时代感的科学界定。正是基于这样的崭新论断，习近平总书记对当代中国的国际地位和作用做了新的表述：中国将"始终做世界和平的建设者、全球发展的贡献者、国际秩序的维护者"。

第三，关于中国特色大国外交的宗旨和目标。习近平总书记多次指出，中国将高举和平发展合作共赢旗帜，恪守维护世界和平、促进共同发展的外交政策宗旨，推动建设相互尊重、公平正义、合作共赢的新型国际关系。这一重要思想，体现出中国特色大国外交承前启后、继往开来的基本特征，同时也反映出我们党认识和处理国际事务勇立潮头、与时俱进的优良品格。党的十九大报告中关于新型国际关系基本内涵的论述，精辟地揭示了当今时代人类社会对于国与国关系的崭新诉求，令国际社会耳目一新。

第四，关于人类社会的理想愿景和最高境界。习近平总书记多次指出，我们所生活的世界具有不稳定不确定两大特点，充满希望也充满挑战，但我们的理想和目标是建设一个持久和平、普遍安全、共同繁荣、开放包容、清洁美丽的世界。这段精辟论述，反映出我们党对于人类历史发展规律，对于社会理想与现实的相互关系问题的新认识和新思考，同时也向全世界昭示了我们党关于人类前途和命运的基本意愿与核心主张。他在党的十九大报告中首次阐明的"构筑尊崇自然、绿色发展的生态体系"的新理念，将我们所主张的"清洁美丽的世界"具体化，意义极为重大而深远。

第五，关于国际关系基本准则和全球化发展方向。习近平总书记在党的十九大报告中明确提出，我们主张"相互尊重、平等协商，坚决摒弃冷战思维和强权政治"；主张"以对话解决争端、以协商化解分歧，统筹应对传统和非传统安全威胁"；主张国与国之间走"对话而不对抗、结伴而不结盟"的交往新路；主张经济全球化朝着"更加开放、包容、普惠、平衡和共赢的方向发展"。在这些主张中，关于国与国交往新路和关于全球化发展方向的政策建议，触及了当今时代亟待解决的两大重要问题，具有很强的实践性和可操作性，得到国际社会的广泛赞赏和认同。

第六，关于人类文明交流互鉴的实现路径。文明多元、平等与互鉴的思想，在习近平外交思想中占有重要位置。在党的十九大上他进一步指出，尊重世界文明多样性，就是要做到"三个超越"，即以文明交流超越文明隔阂，以文明互鉴超越文明冲突，以文明共存超越文明优越。这"三个超越"的精彩论述，为国际社会实现"和而不同、兼收并蓄"的文明交流，破解"文明隔阂"与"文明冲突"造成的历史迷思，实现真正意义上的文明平等与共存共荣，规划出了切实可行的具体路径。

第七，关于中国特色大国外交的指导思想、总体布局和政策目标。习近平总书记在党的十九大上明确表示，中国"将积极发展全球伙伴关系，扩大同各国的利益汇合点"，"决不会以牺牲别国利益为代价来发展自己，也决不放弃自己的正当权益"。对于大国关系，中国的目标是协调合作、总体稳定、均衡发展。对于全球治理，中国主张的是支持多边贸易体制，推动建设开放型世界经济，同时要秉持共商共建共享理念，"积极参与全球治理体系改革和建设"。对于"一带一路"，党的十九大报告将其称之为"国际合作"，确认"一带一路"的目标是"打造国际合作新平台，增添共同发展新动力"。

四年多来，我们大力倡导并推进"一带一路"建设，始终是以"国际合作"为旗帜和口号的。2017 年 5 月在北京召开的"一带一路"高峰论坛，也是以国际合作为主题的。短短四年多，"一带一路"建设全面推进取得了举世公认的辉煌成果，国际社会对"一带一路"倡议的认知、认同和认可度越来越高。支持、赞赏和参与"一带一路"建设的国家、区域组织和国际机构越来越多。

当然，我们也必须看到，世界上的事情是复杂的，是受多方面因素决定、影响和左右的。由于发展利益、安全利益和价值观体系不同，某些发达国家和发展中大国，对中国的"一带一路"倡议心存疑虑，对参与"一带一路"建设态度消极，甚至有意进行干扰破坏。对此，我们不但要做到心中有数，同时还要未雨绸缪，做好疏导、化解和防范工作。

发达国家中对我国的"一带一路"倡议抵触较强烈的，首先是美国。虽然特朗普政府去年派人来北京参加了"一带一路"国际合作高峰论坛，甚至作出某种积极表态，但实际上，这位白宫新主和整个美国并没有根本改变对"一带一路"的怀疑立场和敌对态度。曾经担任特朗普高级谋士的班农，2017 年 12 月 17 日在日本发表讲演时说，美国民粹主义大规模的兴起，发生在一个独特的全球阶段，这就是中国的崛起。他非常详细地分析了习近平总书记所作的十九大报告，认为这个长达三个半小时的讲话涉及中国领导将"把中国引向何方"的问题，指出了"中国追求在 2035 年成为世界第一大经济势力，2050 年成为主导国家，换而言之就是成为世界的领袖"。他还表示："中国的领导者根本没打算加入遵循国际规则的行列中来，他们有自己的计划，而且他们严格地执行了他们的计划。"对于西方来说这是一个警告，"它实质上是说儒家重商主义的威权模式已经赢了，犹太基督教的自由民主、自由市场、资本化的东西已经输了。"他咬牙切齿地谈到了《中国制造 2025》规划和"一带一路"倡议，说我们的《中国制造 2025》作为一项战略规划，"将使中国在 21 世纪里统治全球的制造业"。而"一带一路"是"中国真正大胆的地缘政治扩张"。为了应对 15 年后的所谓"中国霸权"，班农表示，特朗普中心目标是重振美国，其中的重要策略是对中国的货币操纵、贸易不公平加以反制。

　　2017 年 12 月 18 日发表的美国国家安全战略报告，作为特朗普任内首份国际战略和外交政策文件，毫不掩饰地将中国定性为美国的战略竞争对手，称中国与俄罗斯为侵蚀美国安全和繁荣的"修正主义国家"，诬称"中国在扩张自己实力的同时不惜以别国的主权为代价"，"中国试图在印度洋太平洋地区取代美国，扩大其国家主导的经济模式的势力范围，并以对它有利的方式改写地区秩序"。虽然这份报告也谈到美国准备与中俄在"两国共同关心的领域进行合作"，但同时又宣称，今天"美国必须在全世界范围内争取积极的伙伴关系"，理由是"中国正在利用经济的诱惑和惩罚、施加影响的行动以及潜在的军事威胁来让其他国家听从其政治和安全议程。中国的基础设施投资和贸易战略强化了其地缘政治愿望"。

　　美国国家安全战略报告发布后不久，特朗普政府宣布对出口美国的钢铝产品加收 25% 的关税，打响了全球贸易战的前哨战。中国理所当然对此作出强烈反应，刚愎自用的特朗普随即宣布对 1500 亿美元的中国出口美国的商品征收关税，中美经济关系顿时陷入全面破裂的边缘。

　　日本对中国的"一带一路"倡议，立场与态度同美国大同小异。虽然日本去年也派人来华出席了"一带一路"国际合作峰会，其目的实际上不是要参与"一带一路"建设，而是要寻找打开中日关系僵局的机会。日本与美国一样，至今没有加入中国为推进"一带一路"建设而发起成立的亚投行。不仅如此，日本还与印度沆瀣一气，拉拢非洲国家搞所谓自由经济走廊，并且在中国召开"一带一路"国际合作高峰论坛之后，组织召开了日印两国主导的非洲自由经济走廊国际会议，试图另立山头，与我们组织的北京峰会分庭抗礼。

印度是人口总量接近中国、经济增长势头较好的发展中大国，是我们的重要邻国，同时也是我们在上海合作组织、金砖国家框架内的重要伙伴。但由于历史遗留的边界争议和其他相关问题，对华不信任情绪根深蒂固。尽管近年来我们对印度做了大量释疑解惑的工作，习近平总书记亲自出面培育和推动双方的政治互信和务实合作，但印度政府在"一带一路"问题上的表现始终不够积极。印度没有派代表参与"一带一路"国际合作北京峰会，对中国积极推动的孟中印缅经济走廊建设计划置若罔闻，对已经全面启动的中巴经济走廊建设"说三道四"，对我们与南亚其他国家开展"一带一路"建设和各种务实合作横加干预。

所有这一切充分说明，我们所倡导和推进的"一带一路"建设，作为一项前无古人的全球性联动发展事业，作为需要全世界各国相向而行的系统工程，不会也不可能一帆风顺，不会也不可能一往无前。美国、日本、欧盟、印度等重要势力的干扰和阻挠，将给"一带一路"事业的发展进程，甚至对我们推动构建新型国际关系、打造人类命运共同体的努力，造成意想不到的干扰、冲击和破坏。因此，我们要全面履行习近平总书记代表中华民族向国际社会作出的推进"一带一路"建设的庄严承诺，要持之以恒地在全球范围内顺利实现"一带一路"世纪工程，使"一带一路"由良好的愿景变成美好的现实。

5. 与时俱进是"一带一路"国际合作的本质属性和基本特征[*]

"一带一路"倡议发出近六年来，我国周边形势和整个国际大环境，已经发生并且继续发生着深刻而复杂的变化。面对当今世界百年未有之大变局，中国的"一带一路"倡议，作为中华民族的全民行动和国家意志，不但为扩大和深化中国新一轮对外开放提供了广阔前景，同时也为推进中国与世界的良性互动提供了强大动力。

"一带一路"倡议，是习近平主席访问中亚和东南亚时提出来的，当时的核心思想：一是要创新区域合作模式，加强与欧亚国家的合作，共建丝绸之路经济带；二是要加强同东盟国家的海上合作，用好中国—东盟海上合作基金，共建21世纪海上丝绸之路。作为中国周边地区重要组成部分的中亚和东南亚，之所以成为"一带一路"建设的两大重点区域，是因为周边地区是我们的生身立命之所，是我们的进步发展之基。中华民族与外部世界的联系与互动，首先在于同周边国家的合作发展、联动发展与共同发展，同周边地区实现现代化、高水平和全方位的"互联互通"。

中国倡导和推动的"一带一路"建设，是与经济全球化曲折发展的历史新阶段密切相关的，是以对本国国情和当今世情的精准判断、对中国与外部世界关系的科学认知为基础的，是在国际金融危机阴影长存、世界经济增长动能不足、反全球化反区域一体化倾向逆势来潮

---

[*] 本文根据作者2019年4月在人民日报海外网"一带一路"问题研讨会上的发言整理。

的大背景下，强力发起和推动的新型国际合作。它所体现的是中国共产党人既为中国人民谋幸福，又为人类社会谋进步的责任担当，彰显的是中华民族愿为世界和平发展作出新的更大贡献的伟大情怀。

"一带一路"倡议是中国提供给周边地区和整个国际社会的公共产品，"一带一路"框架下的互利合作具有鲜明的国际性和时代性。它的总体构想、运行原则、着力重点以及实施路径，随着实践的发展和形势的需要而不断调整变化、不断丰富完善。2015 年 3 月相关部委发布的《推动共建丝绸之路经济带和 21 世纪海上丝绸之路的愿景与行动》白皮书，对"一带一路"倡议的时代背景、国际合作的基本原则、合作的重点地区与行动方式做了详细阐述。

这本白皮书将"一带一路"国际合作的主要任务确定为"五通"，即政策沟通、设施联通、贸易畅通、资金融通、民心相通，指导意义重大而深远。其中，"设施联通"和"资金融通"分别替代最初的"道路联通"与"货币流通"，极大地拓展了"一带一路"国际合作的空间。"一带一路"国际合作的文章越做越大，前景越来越广阔。国际产能合作、科技园区合作、国际金融合作、第三方合作等许多新的理念和构想开始付诸实践。丝路基金、亚投行和各种各样的双边多边产能合作基金、发展合作基金应运而生。

在实践中，"一带一路"白皮书所设想的"六大经济走廊"建设出现很多变化和突破。有些已经根据实际情况和可能，做了重大设计与规划。譬如，在孟中印缅经济走廊短期内尚不能全线推进的情况下，中缅经济走廊、中孟经济合作园区、环喜马拉雅经济圈建设等构想已经提上日程。此外，在中国—中南半岛经济走廊的大框架下，中老经济走廊建设、中越"两廊一圈"建设、湄公河次流域经济合作区建设进行得如火如荼。已经成为"一带一路"旗舰项目的中巴经济走廊建设，可能与中国在阿富汗的基础设施建设相互连接，延展为规模更大的中巴阿经济走廊。

为了更全面地推进"一带一路"国际合作，实现我国与周边地区更广泛更高水平的互联互通,近年来,我们提出了"南向通道"建设构想,即与新加坡合作,把中国西南地区的交通网络连接起来,使相对封闭的中国西部地区通过广西港口走向东南亚和更为遥远的世界。目前,关于"南向通道"建设又有了新的提法,建设中国印度洋经贸合作大通道构想,已经纳入相关部门、地方政府和许多智库的视野。中国人走向印度洋进而广泛参与印度洋事务,有望通过"一带一路"国际合作来逐步实现。国际产能合作,不仅是中国制造业和装备技术走向发展中国家和地区,同时也是发达国家先进产能继续进入中国的过程。"政策沟通"作为"五通"之首,内涵与外延不断扩大,除发展战略、发展思路、具体项目对接之外,政策法律对接、体制机制对接、标准规范对接受到格外重视。项目运作中的风险防范与安保合作等新问题,正成为"一带一路"国际合作的重要议题。"一带一路"不是境外扶贫而是国际合作的观点,作为新共识得到广泛关注。

　　"一带一路"国际合作是亘古未有之大事业,我们已经取得了很多成果,积累了很多经验。2017年5月首届"一带一路"国际合作峰会在北京举行时,习近平总书记高屋建瓴,将人类文明的宝贵遗产古丝路精神概括为和平合作、开放包容、互学互鉴、互利共赢,令国际社会耳目一新。面对当今世界和平赤字、发展赤字、治理赤字三大严峻挑战,他主张将"一带一路"建成"和平之路、繁荣之路、开放之路、创新之路、文明之路",为国际社会指明了通过新型合作实现命运与共的美好前程。2018年8月,他在推进"一带一路"建设工作五周年座谈会上又指出,共建"一带一路"顺应了全球治理体系变革的内在要求,彰显了同舟共济、权责共担的命运共同体意识,为完善全球治理体系变革提供了新思路新方案。他庄严承诺,我们要坚持对话协商、共建共享、合作共赢、交流互鉴,同沿线国家谋求合作的最大公约数,推动各国加强政治互信、经济互融、人文互通,一步一个脚印推进实施,一点一滴抓出成果,推动共建"一带一路"走深走实。

当前，国际形势复杂多变的特点变得愈发突出。由于美国近来全面挑战现存国际秩序和国际关系准则，国际政治经济关系和安全形势呈现冷战结束以来前所未有的严峻局面。中国倡导和推动的"一带一路"国际合作，也因此面临许多新情况新问题。值此第二届"一带一路"国际合作高峰论坛即将举行之际，我们要进一步梳理和研究"一带一路"国际合作的重大理论和实践问题。在进一步强化政府指导、市场为准、企业做主的大思路，牢牢坚守共商共建共享三原则的前提下，努力做到"五个不断优化"，即不断优化"一带一路"国际合作的对外解读；不断优化"一带一路"国际合作的政策沟通；不断优化"一带一路"国际合作的实践创新；不断优化"一带一路"国际合作的经验推广；不断优化"一带一路"国际合作的资源配置。

世界上的事情是复杂的，是由多方面因素决定的。只要我们坚持超越意识形态分歧，超越社会制度差异，超越经济发展鸿沟，超越地缘政治纷争，我们在推动"一带一路"国际合作的进程中，就会最大限度地找到利益的结合点与合作的公约数，就会战胜各种各样的困难和挑战，就会不断扩大"一带一路"朋友圈与合作伙伴关系网，"一带一路"国际合作就能与时俱进，无往不胜，成为人类社会走向命运与共的光明坦途。

6. "一带一路"：人类社会通向 命运与共之路[*]

　　即将召开的第二届"一带一路"国际合作高峰论坛，不仅是 2019 年中国主场外交的头等大事，同时也是国际舞台上的一件盛事。作为"一带一路"国际合作的倡始国，中方不但要和与会各方共同回顾总结"一带一路"提出近 6 年来的重要成果和经验，更重要的是，还要和与会各方共同设计和规划"一带一路"行稳致远的前进方向，在新的起点上实现高质量发展的主要路径。

　　近六年来，经过中国方面坚持不懈地大力推介和实践，"一带一路"倡议已经变成了名副其实的公共产品，变成了绝大多数国家广泛接受和积极参与的国际合作。它的基本目标、核心理念与运行原则，已经写入联合国、二十国集团、亚太经合组织、上海合作组织、金砖合作等许多国际组织与多边会议的共同文件之中。这在国际事务中是前所未有的。截至 3 月底，共有 125 个国家和 29 个国际组织与中方签署了不同形式的"一带一路"合作文件。"一带一路"不仅是中国打开国门搞建设的基本国策的自然延伸，中华民族实现伟大复兴并走向世界舞台中心的重要途径，同时也是中国共产党向国际社会提供的应对全球化新挑战、解决全球治理赤字和发展不平衡问题的中国方案，是中国与国际社会联手推进联合国 2030 年可持续发展议程、共同塑造世界经济政治新格局的行动方略。

---

　　* 本文作于 2019 年 4 月第二届"一带一路"国际合作高峰论坛召开前夕。

在全面推进"一带一路"国际合作的过程中，中方始终坚持共商共建共享这一基本原则，因而受到了国际社会的普遍赞许和支持。"一带一路"国际合作所要实现的五大任务即政策沟通、设施联通、贸易畅通、资金融通和民心相通，彼此兼顾，互为补充，成效显著。六大经济走廊建设、次区域合作区建设、各类境外园区建设、国际产能合作以及第三方合作等新事务，规划得当，目标清晰，协调推进，张弛有序。随着"一带一路"国际合作迅速推进，在不到六年的时间里，中国与"一带一路"沿线国家的贸易额总量超过6万亿美元，年均增长率高于中国同期对外贸易增长速度。中国对沿线国家直接投资超过900亿美元，完成承包工程营业额超过4000亿美元。2017年召开的首届"一带一路"国际合作峰会所规划的5大类、76大项、279项合作任务，近100％得到落实。

在"一带一路"国际合作全面推进的背景下，中欧班列大面积开通。始发于中国诸多城市的中国货物专列，浩浩荡荡地开进了许多欧洲城市。数字经济、标准联通、质量论证、能源合作、税务合作、法治合作、海关事务合作、民间组织与智库合作，越来越广泛地纳入到"一带一路"国际合作的总体进程之中。中国进口商品博览会、丝绸之路博览会、中国东西部合作与投资贸易洽谈会，以及中国与东盟、南亚、东北亚、亚欧、阿拉伯国家分别举行的各种形式的博览会，成了促进"一带一路"全面发展的重要平台。

在此过程中，各种各样的高层对话机制和论坛犹如雨后春笋般地发展起来。中非合作论坛、中阿合作论坛、中拉合作论坛、上海合作组织、金砖会议、亚欧会议、亚信会议、中国—中东欧（16＋1）、中国—东盟（10＋1）、澜湄合作机制、大湄公河次区域经济合作、中国—太平洋岛国经济发展合作论坛、大图们倡议，等等，也都成了推进"一带一路"国际合作的重要机制和载体。"一带一路"作为和平合作之路、繁荣发展之路、开放创新之路、可持续发展之路、人类文明互学互鉴之路，时代价值和历史意义得到进一步彰显。中国经济迅速发展与"一带一路"国际合作对世界经济增长和人类进步的引擎作用与拉动效应，进一步增大增强。

"一带一路"国际合作体现出来的新型发展观，所谋求的不单是中国自身与外部世界的共同发展、联动发展，同时也是世界上所有国家和地区的互利发展、共赢发展，是史无前例的发展战略、发展思路、政策标准与机制体制的全球对接。其公正性与可持续性，既不可否定也无可置疑。它所体现的新型合作观，超越政治制度差异，超越意识形态分歧，超越地缘环境限制，超越社会发展鸿沟；其突出特点是双边与多边相辅相成，当前与长远统筹兼顾，发展与创新相得益彰，因而具有极为强大的生命力。

我们有充分理由相信，经过中国和国际社会的共同努力，"一带一路"建设一定会在新的起点上做出更大成就，积累更多经验，为人类社会走向命运与共的历史新阶段做出新的贡献。当然，我们也必须指出，"一带一路"国际合作是人类历史上亘古未有的伟大事业，是当今世界各国人民同襄盛举的伟大实践。在这一过程中，在某些项目上，合作各方因为经验、能力不匹配，或者由于其他无法预料和不可抗力的自然因素，遭遇某些困难、风险和挑战，或许是不可避免的，甚至付出某些代价也是无可厚非的。但总体上说，"一带一路"国际合作是符合时代进步潮流的新型国际合作，完全能够适应各方发展利益和安全需要。我们会在实践过程中不断听取各方的意见和建议，不断总结正反两方面的经验和教训，不断推进"一带一路"的理论建设与实践创新。

世界上的事情从来都是非常复杂的。个别国家对"一带一路"的怀疑和抵触，某些势力对"一带一路"的干扰和诋毁，过去有，现在有，将来还会有，这不足为奇。但任何国家，任何势力，都已经无法从根本上阻挡"一带一路"国际合作改写世界经济格局、重塑国际经贸秩序、丰富和发展国际关系准则，进而推进全球治理向更高水平迈进的前进步伐。

7. "一带一路"的新理念新实践及其国际影响[*]

　　第二届"一带一路"国际合作高峰论坛召开在即，这是2019年中国多边外交的一大盛举，也是国际舞台上引人瞩目的一件大事。不仅我们中国人，包括国际社会在内，大家都在思考这样一个问题：中国倡导和推动的"一带一路"国际合作，给中国自身，给沿线国家，给国际社会，究竟带来什么？

　　"一带一路"提出近六年来，建设成就超出我们的预期，国际反响超出我们的想象。为什么会如此？我想，除了那些看得见的物化成果，譬如现代化基础设施、工业园区、民生工程、贸易与投资增长、一系列产能合作项目之外，更重要的是，我们在实践中提出了许多具有广泛影响的新理念。其中最突出的，就是新型发展观与新型合作观。

　　发展是硬道理。任何民族、任何国家，都必须以发展作为走向未来的基本动因。但在不同时代、不同国际环境下，人们对发展的理解往往不尽相同，不同民族、不同区域的发展路径也不尽相通。这是世界经济发展不平衡、人类进步程度不均等的主要原因。在和平发展依然是我们这个时代的主题，合作共赢已经成为国际社会主流诉求的形势下，我们倡导和推动的"一带一路"国际合作，不仅要实现中国与外部世界的共同发展、联动发展，同时也要促进世界上不同地区和所有国家的互利发展、共赢发展。这样的发展，不仅是不同国家基础设

---

* 本文根据作者在中国改革发展基金会与中国社会科学文献出版社共同举办的《"一带一路"发展报告2019》蓝皮书发布会上的发言整理而成。

施的互联互通，涉及诸多领域的大规模的高质量的产能合作，同时也是发展战略、发展思路、政策标准、甚至是某些机制和体制的有机对接。这样的发展是人类历史上未曾有过的。不同民族、不同国家和地区，从独自发展转向共同发展，从封闭发展转为开放发展，从粗放发展转为绿色发展，从不稳定发展过渡到可持续发展，这是人类历史上的一个巨大进步，是正在走向全面复兴的中华民族为解决人类共同发展问题做出的一个巨大贡献。

合作是大趋势。人类社会进入近现代以来，随着经济全球化不断向纵深发展，不同国家与地区之间的经济交往愈益广泛。但在西方国家主导全球化的背景下，旧的经济联系并非是真正意义上的平等合作，而是赤裸裸的经济扩张与掠夺剥削。苏联推动的社会主义国际劳动分工，也未能实现伙伴关系理应具有的互利合作，后来出现许多问题。我们在倡导"一带一路"建设过程中提出的新发展观，是以新合作观为重要前提。这种新合作观以共商共建共享为基本原则，不强人所难，不勉为其难，始终坚持以企业为行为主体，坚持遵循市场经济规律，超越社会制度差异，超越意识形态分歧，超越地缘环境限制，超越发展水平上的鸿沟。这样的合作，具有鲜明的时代特色：既可以是双边的，也可以是多边的；既要考虑合作方利益，也要考虑相关方利益；既要着眼于当前需要，也要有相当长远的考虑。

我们有理由相信，这种新型发展观与新型合作观引领下的"一带一路"建设，持续推进并不断取得新成果，将持续改善中国的国际形象，提升中国的国际地位和作用，显著改变亚太地区和"一带一路"沿线地区的地缘政治形态，改变世界经贸关系和整个国际关系走势，进而深刻影响人类社会的未来发展。

中国在推动"一带一路"建设过程中始终秉承新发展观与新合作观，坚持不搞经济扩张，不搞资源掠夺，不搞势力范围，不搞地缘政治小圈子，不输出价值观体系，不输出发展模式和经验，不把自己的意志强加于人，不谋求地区事务主导权，更不争夺全球事务影响力。

这种理念与实践，主观上有助于加速中国走向世界舞台中心，进而实现中华民族全面复兴的伟大进程，客观上将带动广大发展中国家群体性崛起，提升新兴经济体参与全球治理的能力，极大地改变世界经济格局和经贸秩序，推动新一轮全球化朝着更加均衡普惠健康的方向发展。这样的发展与合作，还将有助于更全面更有效地落实联合国2030年可持续发展议程，促进南南合作和北南合作迈向新的历史阶段，为人类的共同进步与繁荣积累更多的成果和经验。它的国际作用和深远影响就在于此！

当前，人类社会正面临百年未有之大变局。在世界上多种矛盾彼此交织、多种因素相互作用、多种力量较量角逐、国际关系中的不稳定不确定性较前突出的复杂形势下，"一带一路"建设是促进中国与外部世界良性互动持续发展的重要途径，是中国与外部世界广泛而深入地相互了解、相互认知的重要窗口，是博大精深的中华文明与丰富多彩的世界文明彼此借鉴、优势互补的重要桥梁，更是中国走向世界、世界走进中国的最重要动因和引擎。

毋庸置疑，"一带一路"建设在带动周边地区、沿线各国以及所有合作伙伴国实现快速发展的同时，必将进一步促进中国的自身发展，加强中国在世界政治经济格局中的地位和作用。中国在全面而深刻地改变自身的同时，必将前所未有地广泛而深刻地影响世界。对此，我们也不必讳言。

当然，我们也必须注意到，"一带一路"建设是前无古人的伟大创举，是一个刚刚起步的历史过程。它只有进行时，没有完成时。目前我们所取得的成就与经验，还只是万里征程第一步。"一带一路"的理念还要发展，实践还要创新，经验还要总结，合作还要拓展。只要我们坚持不懈，勇于探索，积极创新，"一带一路"在中华民族与世界协同发展、人类社会谋求命运与共的历史进程中，一定会谱写出更多更美的绚丽篇章。中国需要世界、世界需要中国的国际共识，将会更加广泛和坚实。国际社会对"一带一路"的认可和参与，将会变得更加积极和主动。

8. 推动"一带一路"国际合作高质量发展是中国的责任和使命[*]

第三届中国—东南亚商务论坛以"'一带一路'创新合作 共谋发展"为主题,既符合本论坛初创时共同设定的"'一带一路' 互联互通 区域一体化"这一永久主题,也符合不久前中国与东南亚各国以及"一带一路"建设所有参与方在第二届"一带一路"国际合作高峰论坛上达成的新共识。

举世瞩目的第二届"一带一路"国际合作高峰论坛,4月25—27日在北京成功举行。此次论坛是在"一带一路"历经五年多实践成果丰硕,中国特色大国外交凯歌行进,同时中美关系变数增多,整个国际关系愈加复杂,世界和平与发展面临诸多新挑战的情况下召开的。习近平主席在论坛上阐述的高质量推进"一带一路"国际合作的重要思想和主张,与会各方领导人对深化"一带一路"建设的新共识新建议,不但为"一带一路"国际合作这一前无古人的伟大事业,开辟了更加广阔的发展机遇和前景,同时也为世界各国超越社会制度差异、跨越经济发展鸿沟,共同应对全球化曲折发展的新挑战,构建相互依存并安危与共的命运共同体,提供了无可替代的历史性选择和切实可行的实现路径。

---

* 本文是作者2019年6月12日出席在昆明举行的第三届中国—东南亚商务论坛上的讲话。

一、高质量发展的新理念与新主张对推进"一带一路"国际合作、深化中国改革开放，具有双重引领和指导作用

众所周知，2017 年 5 月，第一届"一带一路"国际合作高峰论坛在北京举行时，距离习近平主席发出"一带一路"倡议不过三年多一点时间。但国际社会对那次论坛的反响十分热烈，参与度非常之高。来自 29 个国家的国家元首和政府首脑，以及联合国、世界银行、国际货币基金组织、上海合作组织等诸多国际机构负责人，同中国领导人一起，围绕"加强国际合作，共建'一带一路'，实现共赢发展"的论坛主题，就对接发展战略、推动互联互通、促进人文交流、实现共同发展等重大议题，达成许多共识。首届论坛成功举办，为"一带一路"国际合作在更大范围内持续推进，注入了强大动力。

不久前举行的第二届"一带一路"国际合作高峰论坛，以共建"'一带一路'、开创美好未来"为主题，非常契合国际关系大变革大调整大发展的时代特点和潮流，思想交流与理念对接更有成效。40个国家和国际组织领导人、5000 余名来自世界各地的政商学界代表、文化名流与媒体人士，就推进互联互通、加强政策对接、实现产能转移、促进绿色发展、坚持可持续发展等问题进行了充分交流和磋商。论坛的规模、影响与后续行动，大大超过了第一届。

按照习近平主席在此次论坛上提出的推动"一带一路"建设高质量发展的新构想，各方要在继续坚持共商共建共享三大原则的基础上，秉承开放、绿色、廉洁理念，追求高标准、惠民生、可持续目标。具体而言，就是要在支持联合国 2030 年可持续发展议程，并将其融入"一带一路"建设全过程的同时，统筹推进经济增长、社会发展与环境保护。中国将和各方一道，一方面要继续聚焦于基础设施的互联互通，另一方面要深化智能制造、数字经济等前沿领域的合作，实施创新驱动发展；要扩大市场开放，提高贸易和投资便利化程度，建设多元化融资体系和多层次资本市场；要广泛开展内容丰富、形式

多样的人文交流，实施更多民生项目。

中国主办第二届"一带一路"国际合作高峰论坛的宗旨和目标，简而言之，就是要在"一带一路"建设已经取得重大成就和丰富经验的基础上，在中国全面参与并积极引领新一轮经济全球化的历史新阶段，通过深化和扩大"一带一路"国际合作，打造世界各国基础设施全方位互联互通的大格局，推动形成基建引领、产业集聚、经济发展、民生改善的全球性综合效应，目标极为宏大和辉煌。

二、中国将在"一带一路"国际合作高质量发展过程中，加大自身改革开放力度，担负更多的国际责任和义务

为了将"一带一路"国际合作高质量发展的新构想新理念真正落到实处，在今后相当长一段时间内，中国将同相关各方共同努力，搭设、丰富和强化多种合作机制与平台，构建、拓展和深化互联互通的伙伴关系。要在共同推动建设开放型世界经济的大前提下，共同反对保护主义、孤立主义、单边主义和强权政治，推动实现"一带一路"建设与各国发展战略、各种区域性国际性发展议题有效对接，力求协同增效。要通过双边合作、三方合作和多边合作等多种形式，鼓励更多国家、更多国际组织和企业深度参与"一带一路"框架下丰富多彩的国际合作，扎实推进"一带一路"国际合作的机制化、规范化与廉洁化，为多主体宽领域全方位长久性的务实合作，提供坚实的普遍认可的政治和体制保障。

中国倡导并持续推进全方位的"一带一路"国际合作，归根到底，是要联合世界各国人民，共同应对经济全球化新发展带来的新问题和新挑战，是要共同解决困扰国际社会的发展不平衡、全球治理滞后与生态环境恶化等重大问题。正因如此，习近平主席特别强调，"一带一路"建设要积极对接普遍接受的国际规则标准；要坚持以人民为中心的发展思想；要始终把基础设施建设作为互联互通的基石；要在顺应第四次工业革命发展趋势的前提下，探寻新的增长功能和发

展路径，包括经济的数字化网络化和智能化、新技术新业态和新模式；要始终从发展的角度看问题，将可持续发展理念融入"一带一路"的方方面面；要积极架设不同文明互学互鉴的桥梁，深入开展各领域人文合作，支持并鼓励民生合作；要共建"一带一路"国际智库合作委员会、新闻合作等新机制，广泛汇集各方面的智慧和力量。

为推动实现"一带一路"国际合作高质量发展，中国必须也一定要加强自身的制度性结构性安排，促进更高水平的对外开放，即更大范围地扩大外资市场准入，更大力度地加强知识产权保护国际合作，更大规模地增加商品和服务进口，更加有效地实施国际宏观经济政策协调，更加重视对外开放政策贯彻落实。由此可见，推动"一带一路"国际合作高质量发展的过程，同时也必然是中国改革开放进一步向纵深发展的过程，是中国走向世界与世界走向中国进一步协调统一、中国与外部世界良性互动进一步增强与扩大的过程。

习近平主席在此次论坛上作出这些铿锵有力的表态，可以说是中国共产党人对历史做出的又一个庄严承诺。他不仅是说给与会各国领导人和各方代表，说给国际社会的，同时也是说给中国共产党人、中国政府和全体中国人民的。这些力透纸背的郑重表态和庄严承诺，既是引领未来"一带一路"国际合作向更高质量发展的重要思想动力，也是指导中国改革开放和现代化建设向更高阶段迈进的强大精神指南。

三、国际社会对"一带一路"国际合作的认识理解更趋客观和积极，许多新思考新建议值得认真研究和借鉴

习近平主席在本届"一带一路"国际合作高峰论坛上提出的一系列新思想和新主张，受到了与会各方领导人的高度赞赏与认同。与会各方领导人和整个国际社会，对"一带一路"国际合作的时代价值与历史意义，认识与理解也更加客观、理性和积极，更有建设性。譬如，连续两次出席"一带一路"国际合作高峰论坛的联合国秘书长古

特雷斯表示，"一带一路"倡议既有利于中国的经济增长，也契合国际经济的发展需要，更能推动共建人类命运共同体，因而为全世界带来重要机遇。

俄罗斯是中国的最大邻国和全面战略协作伙伴关系国。该国总统普京表示，共建"一带一路"倡议同国际和地区组织的发展合作规划对接，同各国发展战略对接，也可以同俄罗斯倡导和推动的欧亚经济联盟计划对接。他说，该联盟致力于同所有相关国家和机构进行广泛的合作，首先是与中国合作。欧亚经济联盟成员国一致支持推动欧亚经济联盟与"一带一路"倡议对接。

哈萨克斯坦是中国在中亚地区的重要邻国。该国首任总统纳扎尔巴耶夫表示，"一带一路"推进了非常广泛的一体化进程，前景广阔，未来会有更多国家加入"一带一路"。他特别指出，哈萨克斯坦一开始就积极支持"一带一路"，并将本国的"光明之路"计划与"一带一路"倡议进行对接。他认为，"一带一路"倡议不仅提供了新发展机遇，同时也提出了全球化新模式，因而成为稳定、发展和繁荣之路。

巴基斯坦是中国的"全天候"朋友，两国共建的"中巴经济走廊"是"一带一路"的旗舰项目。该国总理伊姆兰·汗认为，各国领导人齐聚北京商讨"一带一路"国际合作，证明各方选择的是希望与合作，而不是绝望和对抗，这是历史性的巨大成就。他强调，"中巴经济走廊"打造各种经济特区，为双方和世界各国的企业创造了投资机会。据他透露，作为"中巴经济走廊"建设新阶段的重要支撑，双方正在商签自贸区升级版。双方合作的重点项目瓜达尔港，已由一个小渔村发展成为繁忙的商业枢纽。瓜达尔新机场也将成为巴基斯坦国内最大的国际化机场。

奥地利是欧盟的重要成员国之一。库尔茨总理 2018 年曾与该国总统一道，率领大批企业界人士联袂访华，留下一段广为传颂的外交佳话。此次，他又专程来华参加第二届"一带一路"国际合作峰会论坛。峰会期间，他以中国成都正式开通至奥地利首都维也纳班列为例，高度评价中国与奥地利、亚洲与欧洲相互连通的重大意义，在欧盟内部和整个欧洲引起了积极反响。

国际社会对"一带一路"国际合作的认识和理解更趋客观理性，非常集中地反映在论坛结束后各方通过的联合公报中。这份重要文件旗帜鲜明地表示："加强多边主义对应对全球性挑战至关重要""构建开放、包容、联动、可持续和以人民为中心的世界经济，有利于促进共同繁荣"。公报再次确认了习近平主席在首届"一带一路"国际合作峰会上所阐明的古丝绸之路精神，即和平合作、开放包容、互学互鉴、互利共赢精神，期待通过"一带一路"倡议及其他合作框架与倡议，重振古丝绸之路精神。公报还高度评价了"一带一路"国际合作已经取得的积极成果，确认这些合作为经济增长开辟了新动力，为各国经济社会发展增加了新潜力，为实现联合国可持续发展目标作出了新贡献。

立足当前，展望未来，论坛参与者们在公报中共同表示，各方要坚持共商共建共享，坚持开放绿色廉洁，追求高标准惠民生可持续，决心通过包括"一带一路"倡议及其他合作战略在内的伙伴关系，在次区域、区域和全球层面加强国际合作，开创共同繁荣的美好未来。公报特别强调，各方支持以世界贸易组织为核心，坚持以规则为基础，建设开放、透明、非歧视的多边贸易体制，在加强发展政策对接、加强基础设施互联互通、加强可持续发展、加强务实合作、加强人文交流五大方面，阐述了各方的原则立场和政策主张，并以附件形式，公布了将由互联互通带动和支持的经济走廊和其他项目（35项）、专业领域多边合作倡议和平台（14项）；参与方提交其他倡议和举措（15项）。

论坛成果清单六大类，分别是：一、中方提出的举措或发起的合作倡议（26项）；二、在高峰论坛期间或前夕签署的多双边合作文件（42项）；三、在高峰论坛框架下建立的多边合作平台（27项）；四、投资类项目及项目清单（17项）；五、融资类项目（4项）；六、中外地方政府和企业开展的合作项目（16项）。

四、持续推进"一带一路"国际合作高质量发展，中国的任务艰巨而繁重

第二届"一带一路"国际合作高峰论坛成果显著。论坛期间达成了六大类283项务实合作成果，所签项目合同额达640多亿美元，另外还有一系列政府间的合作协议或部门间合作文件。对于中国来说，实现这些重要任务和愿景目标，任重而道远。

具体而言，中方将同各方一道，以新亚欧大陆桥等经济走廊为引领，以中欧班列、陆海新通道等大通道和信息高速路为骨架，以铁路、港口、管网等为依托，共建互联互通网络；中方将继续发挥共建"一带一路"专项基金、丝路基金、各项专项投资基金的作用，发行丝路主题债券，积极支持多边开发融资合作中心有效运作，同时也欢迎多边的各国金融机构参与"一带一路"建设的投融资活动，鼓励开展第三方合作，通过多方参与实现共同受益的原则；中方要继续推动贸易和投资的便利化与自由化，旗帜鲜明地反对保护主义，推动经济全球化朝着更加开放、包容、普惠、平衡、共赢的方向发展；中方还将同更多国家商签高标准的自贸协定，加强海关、税收、审计监管等领域合作，建立"一带一路"税收监管合作体制，加强推广国际互认合作；中国将继续推进共建数字丝绸之路、创新丝绸之路，继续实施"一带一路"科技创新行动计划，继续推进上次论坛宣布的"科技人文交流、共建联合实验室、科技园区合作、技术转移"四大举措。

中国是"一带一路"建设的倡议国和首推国，自然也是"一带一路"框架下多种合作项目的先行国与先试国。习近平主席在论坛上宣布，未来5年，中国要积极实施科技创新人才交流项目，将支持5000人次的中外创新人才开展交流培训与合作研究，将支持各国企业合作推进信息通信基础设施建设，以提升互联互通质量和水平。

在合作机制与平台建设方面，中方已经制定了《"一带一路"融资指导原则》，发布了《"一带一路"债务可持续性分析框架》，意在

为"一带一路"融资合作提供指南。在此前提下，中方将同各方一道，共建"一带一路"可持续城市联盟、绿色发展国际联盟；要制定《"一带一路"绿色投资原则》，启动共建"一带一路"生态环保大数据服务平台，继续实施绿色丝路使者计划。要同有关国家一道，实施"一带一路"应对气候变化南南合作计划，将深化农业、卫生、减灾、水资源等领域合作；要发起"关爱儿童、共享发展、促进可持续发展目标实现"合作倡议，加强与联合国在发展领域的合作，缩小发展差距；要举办第二届进口商品博览会，为各国产品进入中国市场搭建更大平台，提供更多的机遇和可能。

"一带一路"是中国倡导的前无古人的国际合作伟业，是人类社会与人类文明继往开来的一段重要历程。面对机遇与挑战并存、期望与困难同在的历史性考验，中国共产党人与中华民族只有不畏风险，砥砺前行，攻坚克难，才能在"一带一路"国际合作中众志成城，披荆斩棘，破浪远行，才能在实现中华民族全面复兴的进程中，大踏步地走向世界舞台中心，为人类社会的共同发展和进步做出独特的、新的和更大的贡献。

地区篇：创新合作模式之举

1. 中国—东盟有望成为"一带一路"建设先行区和命运共同体示范区*

2013 年 10 月，习近平主席访问印度尼西亚期间，在印尼国会发表讲演，发出了与东盟国家加强海上合作，共建 21 世纪海上丝绸之路的倡议。这一倡议与他当年 9 月访问中亚期间在哈萨克斯坦发出的中国与中亚国家密切合作，共建丝绸之路经济带的倡议相辅相成，构成了"一带一路"这一完整的世纪性倡议。今年 4 月在北京召开的"一带一路"国际合作高峰论坛，嘉宾满座，其中包括许多来自东盟的国家和政府首脑。这充分说明，"一带一路"不仅是中国进一步扩大对外开放，深度参与经济全球化，大踏步走向国际舞台中心的动员令，同时也是中国与周边各国，与"一带一路"沿线国家以及整个世界联动发展的宣言书。中华民族与包括东盟在内的世界各国共襄"一带一路"盛举，将为当代人类社会发展谱写光彩夺目的新篇章。

一、面向和平与繁荣的战略伙伴关系为中国与东盟共建"一带一路"提供了坚实的政治基础

东南亚国家联盟即东盟，是当今世界区域一体化发展程度较高，在地区和国际事务中影响较大的一个国家集群。东盟 10 国所在的东南亚地区，历史上曾经是帝国主义、殖民主义掠夺和奴役、剥削和压迫的重灾区。进入近现代以来，由于历史遗留的各种矛盾和各方现实

---

* 本文为作者 2017 年 6 月在山东大学有关"一带一路"问题研讨会上的讲话。

利益冲突相互交织，东盟所在地区的局势始终很不平静。各种形式的战乱和冲突，此起彼伏，接连不断。东南亚地区因而素有"亚洲火药桶"之称。

中国与东盟各国，或山水相连，或隔海相望。这种唇齿相依的地缘环境和休戚与共的历史命运，使中华民族与东盟各国人民早就互通有无，情同手足，形成了千丝万缕的密切联系和无法割裂的血亲情谊。历史上那些脍炙人口、千古传颂的海上丝绸之路故事，有许多就发生在这一地区。20 世纪 40 年代末新中国成立后，中国与东南亚地区各国的关系错综复杂，路数各异，经历了国际风云变幻、地缘战略冲突的涤荡，同时也经受了各国几十年间内部局势变迁的严峻考验。但中国人民与东南亚各国人民的友好情谊，如薪火相传，始终未断，且愈久弥坚。

1991 年，全球范围内的东西方冷战宣告彻底结束。已经实行改革开放政策 10 余年的中国，一直坚持把争取良好的外部环境当作主要外交任务，此时却意外地遭到美国等西方国家的"孤立"和"制裁"。面对西方世界发动的对华"新冷战"，中国超越意识形态分歧和社会制度差异，与东盟正式建立了对话关系。中国人民与东盟各国人民的传统友谊与务实合作，从此进入一个新的历史阶段。1996 年 7 月，中国成为东盟的全面对话伙伴关系国。次年 12 月，双方确立了面向 21 世纪的睦邻合作伙伴关系。

中国之所以越来越重视同东盟的关系，一方面是因为，这时的东盟，已经不是 20 世纪 60 年代初创时期仅由印度尼西亚、菲律宾、泰国、马来西亚和新加坡 5 国组成的"小圈子"，而是包括越南、文莱、老挝、缅甸、柬埔寨在内，共有 10 个成员国，人口超过 5 亿，面积达 440 多万平方公里的重要区域组织。它的发展潜能，引起了国际社会的普遍关注。

另一方面，东盟积极开展多方位外交，在本地区和国际上产生了很大影响。自 1978 年始，东盟每年都与美国、日本、澳大利亚、新西兰、加拿大、欧共体以及韩国、俄罗斯、印度等对话伙伴关系国举行会议，就重大国际问题交换意见。1994 年 7 月，东盟倡导成立东盟地区论坛，与相关各国就亚太政治和安全问题交换意见。同年 10 月，东盟倡议召开亚欧会议，促成东亚和欧盟的政治对话与经济合作。1997 年，东盟与中、日、韩共同启动东亚合作，东盟与中日韩（10 + 3）、东亚峰会等机制相继诞生。1999 年 9 月，在东盟倡议下，东亚—拉美合作论坛宣告成立。在此形势下，美、日、韩、澳、印等域外国家都在不断加强与东盟的关系。

进入 21 世纪后，在世界多极化、经济全球化、区域一体化、国际力量对比趋于均衡、世界发展重心加速向亚太地区转移的大背景下，中国与东盟的关系得到快速发展。2002 年，中国与东盟签署全面经济合作框架协议。2003 年，双方签署面向和平与繁荣的战略伙伴关系联合宣言，中国成为东盟第一个域外战略伙伴，同时也成为第一个加入东南亚友好合作条约的域外国家。此后，中国与东盟各领域务实合作全面推进，经贸关系发展取得骄人成果。到 2009 年时，中国已成为东盟第一大贸易伙伴，双方贸易额达 1782 亿美元之多。

正是在这一基础上，2010 年，中国与东盟谈判成功，建立了世界上最大的发展中国家之间的自由贸易区。这个覆盖 11 个国家，共有 19 亿人口，GDP 总量达 6 万亿美元的巨大经济体的出现，对亚太地区乃至整个世界的经济、政治和安全关系，都产生了良好的示范效应。2011—2015 年间，中国—东盟自由贸易区全面建成，越南、老挝、柬埔寨、缅甸与中国基本上是零关税。

就是在这种情况下，2013 年 10 月，时逢中国与东盟战略伙伴关系建立 10 周年，习近平主席访问了印度尼西亚和马来西亚。在此之前，习近平主席访问了中国在中亚地区的重要邻国哈萨克斯坦，在那里发出了共建丝绸之路经济带倡议。此次访问印度尼西亚，他在印尼国会发表讲演，提议中国与东盟用好中方设立的海上合作基金，加强海上合作，共同建设 21 世纪海上丝绸之路。"一带一路"这一震动世界的"世纪倡议"，由此诞生。

二、东盟的多领域共同体建设目标与中方的"一带一路"倡议存在巨大的对接可能与合作空间

东盟是当今世界明确表示要以建设多领域共同体为目标，并且已经制定出详细路线图的区域组织。早在 2003 年 10 月，东盟各国首脑就已共同宣布，要在 2020 年建成以安全共同体、经济共同体和社会文化共同体为三大支柱的东盟共同体。2004 年 11 月，东盟首脑会议通过《东盟安全共同体行动纲领》和《东盟社会文化共同体行动纲领》，正式将制定《东盟宪章》列为东盟的一个目标，旨在为东盟共同体的建设寻求法律保障。

2007 年 1 月，东盟各国首脑在宿务会议上决定，将东盟共同体建设提前至 2015 年完成，当年 11 月通过的《东盟宪章》，亦于 2008 年 12 月正式生效。根据该宪章规定，东盟共同体将由经济共同体、安全共同体和社会文化共同体组成。东盟建立共同体的目的，就是为了共同应对未来的挑战。2009 年 2 月，第 14 届东盟首脑会议通过了《东盟共同体 2009—2015 年路线图宣言》及相关文件，各成员国就 2015 年建成东盟共同体提出了战略构想、具体目标和行动计划。

东盟同时也是世界上较早形成互联互通意愿的区域性国家集团。2010 年 10 月，第 17 届东盟首脑会议通过了《东盟互联互通总体规划》。该规划囊括了 700 多项工程和计划，投资规模约为 3800 亿美元。上述规划的实施，将大大促进东盟地区的全方位联通。2013 年 4 月，第 22 届东盟首脑会议出台了确保 2015 年建成东盟共同体所必须采取的具体措施和步骤，提出了 2015 年后努力实现真正"以人为本"的东盟长远目标。鉴于内部发展不平衡等多种因素，东盟决定本着先易后难的原则，于 2015 年首先实现经济共同体目标。

东盟所提出的建设区域共同体构想，特别是它所制定的发展互联互通的政策目标，与中国近年来大力倡导的人类命运共同体理念，以及中国政府通过睦邻富邻安邻政策，实现包容发展和联动发展，最后走向共同安全和繁荣的战略主张，有着异曲同工之妙。东盟国家为推进基础设施建设，实现互联互通而形成的共同意愿和规划，与习近平主席发出的中国在周边地区以及古丝绸之路沿线各国共建"一带一路"的倡议，更是存在着巨大的对接可能与合作空间。

正因如此，2013 年 10 月习近平主席访问印度尼西亚之后，还访问了马来西亚。访问期间，习近平主席同两国领导人一致决定，将双边关系提升为全面战略伙伴关系；双方领导人要共同加强对双边关系的顶层设计和指导；中国同该两国分别签署经贸合作五年规划，对接发展战略，确定新的合作目标和重点领域，提出 2015 年中国与印尼贸易额达到 800 亿美元、2017 年中国与马来西亚贸易额达到 1600 亿美元，保持并扩大双边本币互换规模。中国将扩大对整个东盟的开放，提高中国—东盟自贸区水平，争取使中国与东盟的贸易额 2020年达到 1 万亿美元。

更为重要的是，此次访问期间，习近平主席全面阐述了中国新时期发展与东盟关系的基本政策和战略目标。他指出，中国同东盟在发展进程中有共同追求，在维护地区繁荣稳定上有共同利益，在国际和地区事务中有共同语言，中国将坚持与邻为善、以邻为伴的方针，将坚持讲信修睦、合作共赢，同东盟国家商谈缔结睦邻友好合作条约，携手建设更为紧密的中国—东盟命运共同体。

习近平主席此次访问，明确地传递了中国愿同东盟各国休戚与共、并肩前行的新思维新理念，为中国 – 东盟关系新发展注入新动力。此访之后，东南亚地区，特别是中国与东盟的关系，更为世界瞩目。中国与东盟的睦邻友好、务实合作与战略伙伴关系，展示出更有生机更富活力和更加广阔的发展前景。这一年，中国与东盟贸易额达4436 亿美元，比上年增长 11%。东盟成了中国的第三大贸易伙伴、第四大出口市场和第二大进口来源地。双方的相互投资不断扩大，截至2014年9月底，累计金额已达1231亿美元。

三、中国与东盟国家共建多领域多层次共同体最终走向命运共同体初心不改

作为"一带一路"倡议的发起者，习近平主席本人高度重视中国与东盟的关系，并且先后访问了多个东盟国家。尽管2014年以来，中国与东盟内部个别国家在南海地区发生了矛盾和冲突，特别是中国与菲律宾、越南之间，围绕部分岛礁的领土主权之争和海洋权益之争急剧升级，中国仍坚定不移地与东盟发展睦邻友好合作关系，坚定不移地努力打造中国—东盟命运共同体。

2014年是双方共同确定的中国—东盟未来"钻石十年"的开局之年。这一年，中国—东盟自贸区升级版建设正式启动；中国参与的大湄公河次区域经济合作力推互联互通；双方贸易和投资持续增长；双方贸易增速远高于中国对外贸易平均增速。

2015年，中国—东盟关系同样亮点纷呈。中国与印尼、越南共同庆祝了建交65周年，中国与越南建交65年来首次实现双方领导人年内互访。此外，中国与菲律宾、泰国共同庆祝了建交40周年。中国与新加坡共同纪念建交25周年，习近平主席成功访新。中国邀请缅甸国内新出现的重要政治领导人、民盟主席昂山素季访华，取得预期成果。

这一年，一方面，中国与东盟国家开展一系列双边合作项目，推进中国与相关国家友好关系持续发展；另一方面，东盟内部经济一体化程度继续加深，"中国—东盟海洋合作年"为双边务实合作注入新动力。中国提出了维护南海和平稳定的系列倡议，主要内容包括：南海地区国家承诺全面有效完整落实《南海各方行为宣言》；加快"南海行为准则"磋商，积极探讨海上风险管控预防性措施；域外国家承诺不采取导致地区局势紧张和复杂化的行动；各国承诺依据国际法行使和维护在南海享有的航行和飞越自由。中马海军成功地在马六甲海

峡举行了代号为"和平友谊—2015"的实兵演练。

这一年，中国与东盟在"一带一路"框架下开展项目合作，成就斐然。中国与印尼签署合建雅加达至万隆的高铁协议；中老铁路老挝段开始动工，开启中国铁路网连通东南亚境外铁路首个项目。中泰铁路合作项目在泰国大城府启动，双方开始合建泰国首条标准轨复线铁路。中国—东盟安全执法合作取得重大进展，双方决定共同建立"安全促发展"中国—东盟执法安全合作部长级对话机制，以共同应对安全挑战。"老挝一号"通信卫星在中国西昌发射升空，填补中国向东盟国家出口卫星的空白。

这一年，习近平主席对越南和新加坡的访问影响巨大。此次访问不仅对改善中越关系、加强中新关系，同时也对密切和深化中国与整个东盟的关系，具有非常重要的指导意义。访问中，习近平主席针对中国与东盟关系中出现的新情况和新问题，反复强调，和平发展是中华文化的内在基因，讲信修睦是中国周边外交的基本内涵。鉴于国际上有关中国发展道路、特别是中国"一带一路"倡议存在各种歪曲和误读，习近平主席特别强调：中华民族走向全面复兴是大势所趋，但国强必霸并非历史的定律。他表示，中国将坚定地发展同东盟的友好关系，坚定地支持东盟的发展壮大，坚定地支持东盟的一体化建设，坚定地支持东盟在东亚区域合作中发挥主导作用。这番掷地有声的政策宣示，使东盟国家深切感到，中国推进"一带一路"势在必得，中国坚持和平崛起志不可摧，中国高举和平发展合作共赢旗帜，与东盟国家共建命运共同体，也将初心不改。

这一年，中国—东盟关系发展高潮迭起。中国—东盟第19次领导人会议暨中国—东盟建立对话关系25周年纪念峰会在万象举行。李克强总理就继续建设中国—东盟命运共同体提出了一系列新建议和新主张，东盟各国领导人也就此发表了许多具有建设性的新思想和新见解。此次峰会的最终成果文件以及有关产能合作、有关应对海上紧急事态、有关适用海上意外相遇规则的联合声明，对中国—东盟共同推进"一带一路"建设，共同打造更为紧密的命运共同体，共同实现中国—东盟合作发展、包容发展、共赢发展、联动发展，具有不可替代的重要意义。

这一年，习近平主席对柬埔寨的访问影响巨大。中柬关系既重要又复杂，两国人民的友好传统根深蒂固，同时也经受过各自国内形势变化和地缘政治风云多变的冲击。按照习近平就任国家主席后的出访惯例，他首先在当地主流媒体发表题为《做肝胆相照的好邻居、好朋友》的文章，烘托访问气氛。访问期间，柬方除明确表态支持并参加"一带一路"外，还希望借助"一带一路"建设，在柬埔寨建立起稳定而可靠的电力供应系统，将西哈努克港打造成综合性的经济示范港。中柬双方总共签署了31份合作文件，合作范围涉及产能、投资、水利、海洋、新闻等诸多领域。

这一年，中菲关系出现重大转圜，在本地区和整个亚太事务中产生良好反响。当年12月，菲律宾新总统杜特尔特访华，明确宣布菲律宾外交上将向中国靠拢，中国做出向菲律宾投资240亿美元帮助其建设基础设施的承诺。双方企业签署了价值112亿美元的铁路、港口、能源等领域合作的协议。中菲关系迅速改善，两国务实合作高开高走，使东盟国家普遍意识到，只要有关各方始终坚持相互尊重原则，坚持互利合赢方向，中国与东盟共同打造发展共同体、利益共同体、责任共同体，最终走向繁荣共同体、安全共同体和命运共同体，中国与东盟的关系一定会大有可为，前景可期。

四、中国一如既往地把巩固、扩大和深化与东盟的睦邻友好合作关系视为对外关系优先方向

2017年，时逢东盟成立50周年，中国与东盟的关系进入承前启后的关键之年。受国际上多种因素影响，中国与东盟之间的贸易额有所下降，距离双方所期望的到2020年达到1万亿美元的奋斗目标，还有很大差距。已经建成和正在推进的重大合作项目，虽然取得令人

鼓舞的阶段性成果，但总体上说，还只是"一带一路"建设的初期收获，只是打造中国—东盟命运共同体万里长征第一步。中方对东盟投资，落后于东盟国家实际需要。东盟各国的经济社会发展战略和具体政策，也并不完全一致。要全面实现"一带一路"倡议所提出的政策沟通、设施联通、贸易畅通、资金融通和民心相通，双方还要加大努力，深入细致、持之以恒地做好多方面工作。

2019 年 4 月中国发起召开"一带一路"国际合作高峰论坛时，除泰国、新加坡和文莱外，东盟地区共有 7 个国家的国家元首或政府首脑出席会议。与会者身份之高，参会者人数之多，引起国际社会广泛关注。东盟国家对"一带一路"的重视和期待，对中国—东盟关系框架内睦邻友好关系的重视，对双边合作与多边合作的深切期待，管中窥豹，略见一斑。

习近平主席在"一带一路"国际合作高峰论坛上的讲话，高屋建瓴，向全世界昭示了中国欲将"一带一路"打造成和平之路、繁荣之路、开放之路、创新之路、文明之路的崇高意愿，进一步彰显了和平合作、开放包容、互学互鉴、互利共赢的伟大丝路精神，赢得了包括东盟各国在内的国际社会的高度赞赏和认同。为了更好更快并且在更大范围内推进"一带一路"建设，习近平主席又宣布了一系列支持"一带一路"建设的新举措，其中包括大幅度增加对"一带一路"建设的资金投入，大幅度增加对不发达国家的民生支持，国际社会为之惊叹，东盟国家更是深受鼓舞！

我们始终认为并反复申明，东盟所在地区，无论如何风云际会，都是中国赖以生身立命、繁荣发展的大周边的重要组成部分。东盟各国无论社会制度如何，也无论发展水平高低，始终都是中国的最重要邻国，是中华民族全面复兴进程中的好朋友和好伙伴。中国政府将一如既往地把巩固、扩大和深化与东盟的睦邻友好合作关系，视为对外关系的优先方向。

中国和东盟各国一定能够乘"一带一路"国际合作高峰论坛成功

举办之东风，加速推进双方在"一带一路"建设中的务实合作进程，尽快签署中国与东盟各国的睦邻友好合作条约，为构建长期稳定的命运共同体提供坚实的法律保障；同时，中国与东盟也一定会尽早实现中国与东盟防长非正式会晤机制化，推进执法安全合作部长级对话机制更加务实发展，构建起安全合作新平台；我们也一定能够全面落实中国—东盟自贸区升级相关成果尽快落实，提高贸易投资便利化自由化的水平，使中国与东盟的经贸关系跨上新台阶；我们在打造政治安全、经济可持续发展、社会人文三大合作支柱方面，一定会取得新成果，积累新经验。我们不但要在国际社会面前展示共建"一带一路"区域合作新格局，我们还要令人信服地树立起命运共同体的好榜样！

目前，国际形势的发展变化充满了不稳定性不确定性和不可测性。西方有人对中国—东盟关系全面发展如芒在背，对中国—东盟务实合作往往恶意评说，认为中国在东盟帮助或参与建设的每一条铁路、每一条公路、每一个港口，都是为了巩固中国与东盟的关系，都是为了扩大自己的地缘战略利益，拓展自己的势力范围。对这种居心叵测的"域外之声"，我们和东盟各国都要保持足够警惕。

当然，我们也充分地意识到，特朗普上台以来，美国断然退出它主导建立的《跨太平洋伙伴关系协定》。东盟国家借助美国支持实现其"发展与繁荣"的期望已经落空。这使许多东盟国家清楚地看到，美国正在变成一个非常不靠谱、非常不负责的国家。这种情况的发生和发展，为中国与东盟各国拓展合作范围、深化合作层次、提升合作质量，提供了前所未有的机遇。中国与东盟各国"上天入海"，大力拓展地上地下、海上天上乃至外空领域多方面多形式合作，坚持做守望相助、安危与共、同舟共济的好邻居好朋友好伙伴，可以说天赐良机。

只要中国和东盟各国持之以恒，相向以动，共同努力，矢志不渝，完全有能力把我们共同生活的这一地区，打造成"一带一路"建设的先行区和模范区，打造成走向命运共同体的示范区和样板区。

2. 中国与东盟应加强能源合作共谋能源安全[*]

所谓能源安全，包括两方面内容，一是在当今世界各种矛盾冲突此起彼伏的情况下，如何保障世界各国各地区的能源需求，通过公正合理而又长期稳定的可靠方式，实现能源的合理开发与平衡供给；二是在环境污染日益加重、人类生存条件面临毁灭性威胁的情况下，如何共同开发利用新能源、清洁能源和可再生能源，通过改变能源消费结构实现普遍而彻底的能源革命。中国与东盟加强能源合作、共谋能源安全，应有这样的站位，应有这样的视角。应从中国日益上升的国际地位和作用，从国际能源形势的发展变化，从中国与东盟不断深化的战略伙伴关系出发，观察和思考相关问题。

一、建立国际能源安全网络，促进能源共同安全，是中国与世界联动发展的客观要求和必然选择

近些年来，国际能源安全形势动荡而复杂。在能源供给方面，主要的传统能源石油因产量过高、页岩油大量上市、全球经济低速发展等多种因素相互作用，供大于求的现象延续至今，油价低迷问题始终得不到解决。尽管石油输出国组织采取了限制产能的举措，但多以失败告终。其中，利比亚产油量创下四年来的新高。美国的页岩油生产进入史上最长钻井扩张期，石油商囤积的石油也越来越多。到 2017

* 本文为作者 2017 年 11 月在国际问题研究院举办的东亚能源合作问题国际研讨会上的讲话。

年5月底，美国建立的未完工油井已经多达5946个，创下历史纪录。但国际油价依然徘徊在60美元左右的熊市，世界石油市场的形势还相当严峻。

2017年11月28日，也就是我们这个论坛召开的前一天，国际能源宪章大会在中亚国家土库曼斯坦召开。来自49个国家、12个国际组织和14个跨国能源巨头的近千名代表到会，讨论扩大投资促进能源可持续发展和供应路线多样化等问题。会议传出的各种信息充分表明，世界各国对能源合作与能源安全问题的关注度在普遍上升。在这种形势下，我们这些专家学者云集北京，共同研讨中国与东盟乃至整个东亚地区的能源合作与能源安全，时机选择非常恰当，意义和影响也不言而喻。

中国是一个现代化进程不断加速的国家，因而也是对世界能源格局影响很大的能源消费大国。近些年来，随着"一带一路"倡议的发出，中国政府大力推进"一带一路"框架下的对外能源合作，形成并不断巩固和加强东北、西北、西南、海上四大油气输送管道格局，以确保自己的境外油气来源更加多元，更加稳定。同时，中国还与周边地区一些国家形成了油气上下游全产业链合作，打造出跨地区、多国别、深层次、高水平的对外油气合作新模式。此外，中国同俄罗斯、蒙古等国，实现了电网互联互通。与巴基斯坦的核电合作，也取得一定进展。中国的能源装备、技术、标准和服务，全部走进了周边地区。通过举办二十国集团能源部长会议，亚太经合组织能源部长会议、国际能源变革论坛等多种方式，中国大力倡导和推动全球范围内的能源对话与合作。

众所周知，2015年9月26日，习近平主席曾经在联合国总部发表题为《谋共同永续发展 做合作共赢伙伴》的重要演说。当时，他郑重宣布，中国倡议建立能源互联网，以推动清洁、绿色方式满足全球电力需求，引起国际社会的极大兴趣和普遍关注。在2017年5月召开的"一带一路"国际合作高峰论坛上，习近平主席又倡议成立

"一带一路"绿色发展国际联盟，引起了联合国及相关机构，特别是环境署的高度重视。联合国环境署已经表示，该机构要带动更多的国际组织参与这个联盟。

中国企业积极响应政府号召，紧跟国际能源合作步伐，大力开展和推进对外能源合作，取得不少实际成果，积累许多宝贵经验。据统计，目前仅中石油一家，就已经在"一带一路"沿线 19 个国家参与和管理了 50 多个项目，其中有 30 多个项目获得了环保奖。2015 年，中石油在哈萨克斯坦投资建设的让那若尔第三油气处理厂顺利投产。两国企业不仅在油气勘探、开发、煤油、运销等生产方面开展了互利合作，而且在环境保护方面不断加大合作力度。也正因为如此，中石油在哈企业获得了当年的"企业责任总统奖"。2017 年 5 月，中石油参与的哈萨克斯坦南线天然气管道宣布竣工，该管道使哈国近半数人口告别了"无气"时代，双方能源合作的业绩更加突出。

2017 年 5 月 14 日，中国国家发改委和国家能源局出台重要文件，题为《推动共建丝绸之路经济带和 21 世纪海上丝绸之路的能源合作愿景与行动》。此前 3 天，中国环保部公布了《"一带一路"生态环境保护合作规划》。这说明，中国在坚持对外开放的基本国策、坚持建设开放型经济的总体布局中，对外能源合作的位置越来越重要，越来越突出。在 2017 年美国正式宣布退出《巴黎协定》之后，国际社会对中国引导世界抗击气候变化的期待更高，中国在这方面肩负的责任也更大。开展广泛的多种形式的国际能源合作，既是中国实现能源结构调整、确保自身能源供给安全的需要，也是国际社会对中国这个负责任的世界大国的重托，是中国义不容辞的历史责任和时代使命。

二、中国与东盟的睦邻合作伙伴关系不断发展，为双方进一步拓展能源领域的合作奠定了坚实基础

东盟所在地区是当今世界最具经济发展潜力、最富互利合作前景的地区。它的 10 个成员国即印度尼西亚、菲律宾、泰国、马来西亚、新加坡、越南、文莱、老挝、缅甸和柬埔寨，陆地国土面积共有440多万平方公里，人口总数超过6亿，它的巨大发展潜力和对外集体合作潜能，引起了国际社会的普遍关注。

中国与东盟国家是永久的邻居，也是天然的伙伴。中国与东盟早就建立起以全方位务实合作为基本特征的战略合作伙伴关系。1991年，在东西方冷战宣告结束的大背景下，中国超越意识形态分歧和社会制度差异，超越历史留下的种种积怨，与东盟建立了对话关系。中国与东盟的务实合作进入新的历史阶段。1996年7月，中国成为东盟的全面对话伙伴关系国。次年12月，双方确立了面向21世纪的睦邻合作伙伴关系。

进入21世纪以来，在世界多极化、经济全球化、区域一体化、国际力量对比趋于均衡、世界发展重心加速向亚太地区转移的大背景下，中国与东盟的关系得到快速发展。2002年，中国与东盟签署全面经济合作框架协议。2003年，双方签署面向和平与繁荣的战略伙伴关系联合宣言，中国成为东盟第一个域外战略伙伴，同时也成为第一个加入《东南亚友好合作条约》的域外国家。此后，中国与东盟各领域务实合作全面推进，经贸关系发展取得骄人成果。到2009年时，中国已成为东盟第一大贸易伙伴，双方贸易额达1782亿美元之多。

正是在此基础上，2010年中国与东盟谈判成功，建立了世界上最大的发展中国家之间的自由贸易区。这个覆盖11个国家，共有19亿人口，GDP总量达6万亿美元的巨大经济体的出现，对亚太地区乃至整个世界的经济、政治和安全关系，都产生了良好的示范效应。2011—2015年间，中国—东盟自贸区全面建成。

东盟是当今世界明确表示要以建设多领域共同体为目标，并且已经制定出详细路线图的区域组织。2004年11月，东盟通过了《东盟安全共同体行动纲领》和《东盟社会文化共同体行动纲领》。根据2007年11月通过并于2008年12月生效的《东盟宪章》，东盟共同体将由经济共同体、安全共同体和社会文化共同体组成。东盟建立共同体的目的，是为了共同应对未来挑战。2009 年 2 月，东盟首脑会议通过《东盟共同体 2009—2015 年路线图宣言》及相关文件，并就 2015 年建成东盟共同体提出了战略构想、具体目标和行动计划。

东盟同时又是世界上形成互联互通意愿较早的区域性国家集团。2010 年 10 月，东盟通过《东盟互联互通总体规划》，2013 年 4 月出台 2015 年建成东盟共同体的措施和步骤，并且提出了 2015 年后实现真正"以人为本"的东盟的长远目标。本着先易后难原则，东盟决定 2015 年首先实现经济共同体目标。

2013 年，中国与东盟在纪念战略伙伴关系 10 周年的联合声明中提出，双方将加强在能源领域的合作，制定新能源与可再生能源合作行动计划。习近平主席高度重视中国与周边世界各国，其中包括与东盟国家的关系，自 2013 年 10 月访问马来西亚、印度尼西亚以来，他的足迹已遍布多个东盟国家。推动"一带一路"框架下的务实合作，包含能源领域的全方位合作，是习近平主席出访活动的重要内容之一。

2015 年 3 月，习近平主席在亚洲博鳌论坛上指出，中国与东盟"迈向命运共同体，必须坚持合作共赢，共同发展"，"只有合作共赢，才能办大事，办好事，办长久之事"。因此，他主张"推进建设亚洲能源资源合作机制，保障能源资源安全"。我理解，中国与东盟在能源领域中开展长期合作，就是需要双方共同努力、确保成功的大事、好事和长久之事。加强中国与东盟之间的能源合作，共同维护本地区的能源安全，不但具有长远的历史性的战略意义，同时也具有相当紧迫的现实意义。况且，中国 2013 年所提出并被东盟认可的"2＋7合作框架"，已将能源合作确定为双方重要合作领域。

三、中国与东盟在传统能源领域互利合作的成功经验需要认真总结、研究并全面推广

中国与东盟国家开展能源合作，不仅具有良好的政治基础和客观

需求，更重要的是已经积累了许多合作成果和经验，形成了许多可供复制和效仿的合作思路与模式。据估计，由于经济的发展势头良好，东盟国家的能源需求将从 2004 年占全球能源需求的 4%，上升到 2030 年的 5.4%。再加上这个地区油气资源总体上比较丰富，印度尼西亚、越南、马来西亚、文莱，已经成为新兴油气生产大国和出口大户。传统能源，主要是化石能源，今后相当长一段时间，仍将是东盟国家消费的最主要能源。即使到 2030 年，估计该地区化石能源在能源消费结构中的比重仍将高达 84% 以上。

有鉴于此，传统领域中的能源合作，特别是油气合作，目前仍是中国与东盟国家开展能源合作的重心所在。在中国与东盟的贸易中，能源贸易目前所占的比重还相当大。譬如，印度尼西亚作为东南亚地区唯一的欧佩克成员国，天然气储量多达 120 亿立方米，居亚洲第二，按其现有日产量计算，未来仍可开采 20 年。其石油储量如按当前日产量估算，则可开采约 60 年。正是这个领域的巨大优势，构成了中国与印尼互利合作的主要支撑点。自 2005 年起，中国就已经成为印尼石油的最大进口国。

中国与东盟国家的油气合作，不能也没有仅仅局限于贸易方式。2002 年，中海油成功地收购了印尼第五大油田中西班牙公司的全部权益。经过几年努力，该油田已经成为印尼最大的海上石油生产企业，中海油每年可以获得 4000 万桶的股份油。2003 年，中海油又收购了印尼一个液化天然气项目中的部分股份，每年可以获得 260 万吨液化气。这些互利共赢的合作经验，应当认真研究总结，努力推而广之。

中国与东盟某些国家，如泰国、缅甸、越南等国，在油气资源勘探和开发方面开展合作，也已成功起步。与越南在北部湾海域的合作，因为双方划界问题已经解决，因而也有一定进展。虽然在南海地区，中菲、中越之间存在着严重的岛礁主权和海洋权益之争，但目前关系已实现基本稳定，总体向好。中菲、中越之间如能着眼长远，摒弃纷争，在有争议的海域内逐步实现油气资源的共同勘探，对于最终实践我国所倡导和坚持的"搁置争议、共同开发"的原则立场，意义十分重大。

当然，东盟国家并非全部都是油气资源富集国。缅甸、新加坡等国，油气资源就相当有限。但即使在这些油气资源相对贫乏，甚至根本就没有此类资源的国家，如新加坡，中国与对方国家也可以找到合作的领域，譬如开展炼油合作，然后由中国向这些国家出口成品油，以保障它们的能源安全。对于缅甸这样的国家，中国既可着眼于油气资源的共同勘探与开发，也可着眼于油气下游产业，将合作重心放在油气产品的炼化加工和销售方面。

从长远看，油气管道互联互通，应当在未来中国与东盟的油气合作中占有重要位置。中国与缅甸在这方面开创的合作先例，需要认真研究、总结和推广。这里指的是中缅石油管道。该管道 2010 年开工，2015 年竣工，起始于孟加拉湾蛟漂港，穿越缅甸境内进入中国后，每年可向中方输送 2200 万吨来自中东的原油。其输送能力远大于中哈和中俄现有的石油管道，该管道建成不但实现了中国原油进口运送渠道多元化，同时也可为缅方带来非常可观的管输费。缅甸每年还可下载 200 多万吨石油，以供本国需要。但由于双方在合同细节问题上存在争议，这个影响很大的管道建成一直没有投入运营。直到 2017 年 4 月 10 日，缅甸总统访华时，中缅石油管道协议才正式签署。

另一个需要关注的项目是 2013 年建成的中缅天然气管道项目，该项目一直处于运营之中，但效益并不理想。中国开拓与东盟的管道合作，实现互联互通，必须正视这些项目中存在的问题，查找不足，补上短板，防止这些不成功的合作案例，或者合作中的某些缺陷，对中国与东盟能源合作大格局造成不必要的负面冲击和影响。

在传统能源领域，对于中国与东盟来说，电力合作也是大有可为的。东盟国家所在大部分地区拥有丰富的煤炭、水利、太阳能资源。个别地区还有风能、地热能可以开发利用。早在 1997 年，东盟即已提出统一电网计划。经过 10 年准备，2007 年，各方终于签署了谅解备忘录，目的是要通过多边、次区域和全东盟三个层次的合作，共建东盟跨国电力产业，将各国相对独立的电力产业，整合为统一的电力资源，一方面通过整合跨境电力交换，提高电能的利用水平，另一方面推动东盟境内实现更多领域和更大范围的互联互通。

据统计，2015—2016 年间东盟能源合作计划中确定的 11 个电网联通项目，目前已有 8 个跨境电力输送工程宣告完成。由于中国电力工业近年来迅速发展，中国企业在规划设计、设备制造、建筑工程、安装调试，包括运营维护等方面，整体能力已经不逊于发达国家，因此，也正是从 2015 年起，中国与美国、日本一起，成为东盟国家最大的三个电力合作投资方和主要合作伙伴国。在特高压输变电、智能电网、水轮机组制造、核能发展等方面，中国在世界已经处于领先水平，中国与东盟电力合作已经取得很大成功。中国南方电网与越南、老挝、缅甸在电网互联互通建设方面，已经做得相当不错。

四、东盟能源结构调整蓄势待发，中国与东盟应加大在新能源清洁能源和可再生能源领域的合作力度

同世界各国一样，东盟绝大多数国家目前也很重视能源革命，也开始进行不同程度的能源结构调整。东盟国家对清洁能源、新能源、可再生能源的需求，未来将有大幅度提升。各国的能源优化配置，将以各自不同的方式持续推进。在这方面，中国早就先行一步，在技术上形成了一些先进领域并且积累了许多经验。很多企业拥有"走出去"的资金优势。东盟国家在这方面有资源、有政策、有市场，双方合作的潜力不可谓不大。

譬如，在光伏发电领域，中国的设备制造产能早已雄居世界第一，目前面临产能严重过剩、向发达国家出口受到打压的现实问题。而东盟国家日照充足，市场需求非常旺盛，但技术相对落后，中国与某些国家合作的前景相当广阔。中国企业，特别是民营企业在这方面

优势明显，完全可以大有可为。

此外，东盟国家对新能源汽车也存在巨大需求。不少国家已经在采取鼓励性政策，推动发展本国的新能源汽车产业。中国作为当今世界最大的新能源汽车生产国和消费国，在这个领域具有其他汽车生产大国所不具有的独特优势。据统计，中国最大的民营汽车企业之一比亚迪，目前在新加坡、印度尼西亚等国开拓市场取得一定成就，其主要方式是共同进行新技术研发，共同开拓市场。从相关政策和市场前景看，中国企业在东盟国家合作生产新能源汽车，有可能成为最受欢迎和最主要的合作方式。

中国与东盟在非传统能源领域的合作，不应也不可能仅仅局限于油气、电力等两大门类，应当因国而宜，各有侧重。目前，泰国发展新能源十分积极，重点是太阳能和风能。据估算，到 2020 年时，可再生能源在泰国能源消费结构中的比重将达20%。越南新能源发展势头与泰国相类似，重点也是发展风能、太阳能。也有些国家在考虑发展核能、地热能、海风能，等等。

五、中国与东盟的能源合作可以多头并举、多管齐下，条件成熟时可考虑商签能源合作宪章类的长期合作文件

中国与东盟国家的能源合作，是双方全面务实合作的一个重要领域，是一个长期而复杂的系统工程，涉及国家多，参与企业多，合作项目多，问题和挑战也多。更重要的是，参与东盟地区开发与合作的国家并非中国一家，美国、日本、韩国、欧盟、印度，都有不凡之举。美国和日本，可以说是中国的强劲对手，而东盟国家出于合作伙伴多元化考虑，也乐于同其他各方开展和扩大合作。

在这种形势下，中国应立足当前，放眼未来，加强协调，统筹规划，以更加积极主动的态度，同时也更加开放包容的态度，进一步扩大和深化与东盟的能源合作。国内企业走进东盟，可以考虑国企与民企并头并进、相互配合、各扬所长、互为补充的新思路和新做法，国

家发改委和外汇管理机关等相应部门，应承担并做好组织协调工作。对于第三国或第三方合作问题，中国可在充分尊重合作对象国意愿的情况下，在三边和多边框架下开展能源合作的新探索和新尝试，采取传统能源、新能源、可再生能源多领域全面推动、齐头并进的新策略。

考虑到东盟国家的情况千差万别，有的国家内部局势甚至千变万化，中方应加强对重大合作项目的预可研工作，对于合作中可能出现的问题和困难，可能发生的外来干扰和破坏，更应有足够的认识和充分的准备。既要把握住机遇，更要把控好风险。要特别防止中缅密松水电站项目半途而废、造成重大负面影响的事件再次发生。

在当前中国与东盟各国关系普遍向好、各领域合作方兴未艾的新形势下，中国与东盟主要国家如印尼、越南、泰国、马来西亚、缅甸等国，可考虑签署专门的能源合作协议。中国与整个东盟，可考虑在"一带一路"框架下，缔结能源合作大宪章，或能源合作中长期规划，使中方在东盟的能源合作意愿和设想，与东盟所制定的 2016—2025 区域能源合作计划，相互对接起来。

对于在东南亚能源合作领域一直谋求进取、并且不无斩获的日本和韩国，也可秉持开放包容理念，在"10＋3"即东盟加中日韩的合作框架内，研究签署东盟—中日韩能源合作纲要或规划的可行性。这个共同性文件如果签成，对于深化中日韩三方经济合作，推动建立东北亚经济合作区，最终形成广泛的东亚经济共同体，实现共同发展、共同繁荣和共同安全，具有十分重大的历史意义。

3. 中国与东盟共建"一带一路"的 愿景与现实[*]

2013 年 9—10 月间，习近平主席访问中亚和东南亚，发出了中国与古丝绸之路沿线国家共同建设丝绸之路经济带和 21 世纪海上丝绸之路，即"一带一路"倡议。"一带一路"倡议的提出，标志着我国将更加广泛和深刻地融入经济全球化进程，将在周边事务和全球治理中发挥更大的作用和影响。东盟国家在我国倡导和推动的"一带一路"建设中，具有举足轻重的特殊作用。

目前，中国与东盟的关系处于历史上较好时期。作为"21 世纪海上丝绸之路"的始倡之地，东盟国家所在的东南亚地区，成了我国推进"一带一路"建设的优先地带和重点区域。五年来，"一带一路"国际合作在东盟地区先行先试，取得重要进展，示范作用显而易见。

第一，共建"一带一路"成为地区广泛共识。2017 年 5 月，东盟中有七个国家，即越南、柬埔寨、印尼、菲律宾、老挝、缅甸、马来西亚的领导人来北京参加了首届"一带一路"国际合作高峰论坛。截至目前统计，东盟中有七个国家，即老挝、柬埔寨、越南、缅甸、新加坡、马来西亚、泰国与我国签署了共建"一带一路"合作文件。其中，老挝、马来西亚、柬埔寨、菲律宾等国还与我国签署了产能合作文件。可以说，积极参与"一带一路"建设，加强与中国的发展战略对接，加快本国基础设施建设，提高经济"造血"能力，已成为东

---

* 本文系作者 2018 年 9 月在广西大学中国—东盟研讨会上的发言。

盟国家的广泛共识。

第二，基础设施互联互通取得实质性进展。基础设施互联互通是"一带一路"建设的核心内容，也是"一带一路"国际合作早期收获的重点领域，更是我们投入最多的领域。我们与东盟国家共同打造硬件、软件、人文交流"三位一体"的地区互联互通网络，建设很多"旗舰项目"，成效显著。例如，印尼雅万高铁全面开工，项目征地拆迁正在加快推进，全线控制性和重难点工程土地陆续交付使用，项目资本金及银行贷款按照建设需要落实到位。中老铁路进入全面建设施工阶段。中泰铁路项目一期工程动工建设。中缅油气管道项目实现全线运营。中国—新加坡互联互通南向通道建设、中国与印尼的"区域综合经济走廊"合作，均已全面启动。中国—东盟航空运输市场，目前已超越日、韩等国，成为我国在周边地区最大的国际航空运输市场。

第三，经济走廊建设稳步推进。2015 年 3 月中国政府发布的"一带一路"建设白皮书，将所有东盟国家包含在"中国—中南半岛经济走廊"建设规划之中。缅甸同时还是"孟中印缅经济走廊"建设计划的重要参与方。随着中国与东盟邻国互联互通建设步伐加快，中越两国"两廊一圈"规划，即双方相关省区共同建设昆明经河内至广宁、南宁经河内至广宁两个经济走廊以及北部湾经济区的规划，已初具规模。中国与老挝的经济走廊、中国与缅甸的经济走廊建设，也已进入规划阶段。

第四，产能合作全面展开。我国与沿线国家的贸易投资合作不断扩大，其中一个重要方面就是在境外建立经贸合作区，为沿线国家培养"造血"功能。据统计，目前我国与"一带一路"沿线国家共建成 80 多个境外经贸合作区，为当地创造了 24.4 万个就业岗位。在东盟国家，中柬西哈努克港经济特区、中老磨憨—磨丁经济合作区、万象赛色塔综合开发区、中印尼综合产业园、中马"两国双园"（即广西钦州工业园、马来西亚彭亨关丹工业园）建设进展顺利。中越深圳—海防经贸合作区、中马马六甲临海工业园区、中缅皎漂经济特区深水港和工业园区项目，均已启动并有序推进。

第五，民心相通不断深入。中国与东盟互为最大旅游合作伙伴。每周有2700架次航班往返于中国与东盟国家之间。双方每年人员往来将近4000万人次，其中越、马、菲、缅四国来华旅游人数年超百万。中国在东盟国家的留学生目前已达12万，东盟国家在华留学人数超过8万。中国在东盟国家设立60余所孔子学院和孔子课堂，建成30多所中国—东盟教育培训中心。中国广西大学与东盟国家共同建立的大学智库联盟，暨南大学在马来西亚创办的分校，运转良好。中国与东盟各国多层次多领域的人文交流与媒体合作不断扩大，中国对东盟国家的援助不断向民生领域及"一带一路"重大项目倾斜。中国与东盟各国民间友好交往与人文领域合作卓有成效。

第六，机制与平台建设等配套工作日渐完善。一是中国国家层面的政策与规划相继出台，顶层设计日趋严密和完整，中央各部门以及中央和地方分工协作，合力推进。二是投融资平台顺利运行为"一带一路"建设提供有力支撑。亚洲基础设施投资银行正式运营后，其成员已增至87个，东盟10国悉数加入，资助印尼等国的首批项目也已出台。中方建立的丝路基金规模增大，实质性项目投资在加快。此外，中方为中国东盟合作基金增加资金，并且在东盟秘书处设立了专门基金管理团队。国内各类金融机构走出去步伐加快，中资商业银行和政策性银行网点布局已经覆盖东盟所有国家。

综观上述事实和数据，可以说，"一带一路"合作在东盟地区主要表现为四个方面：一是基础设施互联互通；二是能源资源开发；三是产能合作与投资；四是人文交流与合作。这四大领域又离不开四个支撑：一是体制机制支撑。中央统一领导，各部门、各地方和相关企业共同发挥作用，各尽所能，优势互补，形成干事创业的合力。二是政策支撑。政府部门牵头，先与有关国家形成政府间协议，同时对项目审批、财税等方面给予支持和政策倾斜。三是金融支撑。一方面由开发性金融机构牵头操作投资额度大的项目，另一方面通过新建投融资平台提供投融资支持，同时鼓励和支持企业自筹资金。四是地方合作支撑。作为国家间合作的重要组成部分，地方合作已成为具体合作成果惠及地方与基层的重要渠道。

当然，我们也要看到，共建"一带一路"作为人类历史上前所未有的国际合作，不但涉及参与方的发展利益，同时也事关其安全利益，因而会遇到许多涉及国际法和国家主权的问题，需要各方在发展战略和机制体制方面实现最大限度的对接与融合。如同世界上任何新生事物一样，"一带一路"建设全面推进，在东盟地区也会不可避免地遇到各种各样的困难、风险和挑战。对此，我们要有清楚认识和估计，不但要有必要的防范和准备，还要建立健全预警和应急机制。

第一，政局变幻的风险度不可低估。不久前马来西亚政权更迭，拟议中的中马合作项目被叫停，虽然事出有因，但后果和影响不能不令人深思。第二，恐怖主义袭击等安全风险将长期存在。东南亚地区恐怖主义回潮问题相当突出，"一带一路"越是受到关注，遭受恐怖袭击的威胁就越大。第三，域外势力的牵制和干扰不能不防。随着中国与东盟在"一带一路"框架下的国际合作不断向前发展，某些势力的焦虑和不安还会上升。第四，负面舆情的破坏和瓦解作用不能不防。美国等西方媒体诋毁"一带一路"是"借贷陷阱"，是"新殖民主义"，个别中资企业不履行社会责任，也容易让外方抓住把柄。第五，走出去的企业"水土不服"问题突出，易被西方背景的非政府组织和不良媒体推向反面，导致群体性事件。第六，个别国家法律制度不透明，政策缺乏连续性，产业支撑条件差，贪腐问题严重。第七，中国企业面临知识和经验不足，力量和人才短缺，运用国内外两种规则意识不强等问题亟待解决。

中国与东盟各国共建海上丝绸之路，开展"一带一路"国际合作，是一项复杂的系统工程，也是一项需要长期努力的艰巨事业，不能一蹴而就。今年是习近平主席提出"一带一路"倡议5周年，中国改革开放 40 周年，也是东盟第二个 50 年开局之年，中国—东盟建立战略伙伴关系 15 周年。"一带一路"国际合作在东盟国家已经从开垦播种的起步阶段转入落地生根、开花结果的全面推进阶段。不久前，中央有关部门召开了"一带一路"五周年工作座谈会，习近平总书记在会上回顾总结了五年来"一带一路"建设的成就与经验，对"一带一路"建设下一阶段工作目标和主要任务，做出了新的部署，也提出了更高要求。我们要继续推进"一带一路"建设，必须深化细化战略思考，进一步加强和完善谋篇布局。第一，要加强政治交往和战略互信。筑牢睦邻友好合作的基石。第二，要加强中国与相关国家的协调与合作，搞好机制体制对接。第三，要以基础设施互联互通为主攻方向，开拓经贸合作新局面。第四，要做大做强金融合作，搞好重大重点项目的投融资支撑。第五，要进一步加大民心相通工作，让共建命运共同体意识深入民心。

当前，国际形势复杂多变的特点十分突出。美国特朗普政府发动贸易战，把矛头首先指向中国，不仅严重动摇了中美关系，也极大地冲击了国际经贸秩序，破坏了世界经济复苏发展和国际社会谋求合作的正常进程。有些国家出于地缘战略考虑，有意拉帮结伙，另立山头，重新规划互联互通发展路线图，图谋在我周边和非洲等地与中国分庭抗礼。我们推进"一带一路"建设的外部环境，可能会更加复杂和严峻。中国作为一个负责任的发展中大国，以倡导建立新型国际关系，推动构建人类命运共同体为神圣目标和最高使命。我们与东盟各国在"一带一路"框架下开展全面合作，共同建设 21 世纪海上丝绸之路，目的是要打造政治互信、经济融合、文化包容的发展共同体、利益共同体、责任共同体，最终走向命运共同体。我们的目的一定要达到。相信经过我们的不断努力和积极探索，最终也一定能够达到。

4. 合作发展是中国和南亚、东南亚 各国的共同选择[*]

很高兴能够应邀来到昆明，参加第七届中国—南亚东南亚智库论坛，与各位同行共同探讨"心手相连、命运共同——中国与南亚东南亚命运共同体建设"这一紧贴时代变革潮流与世界发展大势的重大话题。

不久前，有两场举世关注的多边外交活动在北京隆重举行。这就是第二届"一带一路"国际合作高峰论坛和首届亚洲文明对话大会。这两场特别重大并且非常成功的多边外交盛举，一方面展示了中国进一步扩大对外开放，坚持打开国门搞建设，与世界同行，与时代同步的基本国策；另一方面昭告了中华民族倡导并践行新型文明观，与亚洲各国深化文明交流与互鉴，共同走向美美与共的美好未来的崇高意愿。

这两场多边外交活动的成功举办，有助于进一步扩大中国与南亚东南亚各国"一带一路"框架下的国际合作，有助于提高各国间政策沟通与政治互信、人文交流与民心相通、机制协调与标准对接等各方面工作的质量和水平，有助于持续扩大相互间基础设施建设和商务合作的规模与范围，有助于强化中国与南亚东南亚国家经济建设、社会发展、文明升级的现代化发展进程与速度。总而言之，这两场重大的多边外交活动，为夯实中国与南亚东南亚各国睦邻友好关系，优化双

* 本文系作者 2019 年 6 月在云南社会科学院举办的第七届中国—南亚东南亚智库论坛上的讲话。

边与多边务实合作，指明了前进方向、奋斗目标、主要任务与基本路径。

众所周知，中国是一个国土广袤，边界漫长，所处地缘环境既较为优越同时又复杂多变的发展中大国。目前中国境内生活着 56 个民族、人口总数接近 14 亿，经济发展水平即 GDP 总量已连续多年稳居世界第二，外汇储备和货物贸易规模世界第一，对世界经济增长的拉动作用即通常所说的增长贡献率，已经超过了 30%，远远大于美欧日经济体贡献率之和。中国需要世界、世界也需要中国，作为当前国际关系深刻变革的主要特点，已经得到国际社会的广泛认可和认同。

中国是一个独具特色、发展强劲，同时又将长期处于发展中状态的社会主义大国。源远流长的历史积淀与博大精深的文化传承，与集思广益且又群策群力的独特体制彼此助力，相得益彰，正在推动我们国家前所未有地接近于民族复兴的伟大目标，同时也前所未有地接近于世界舞台的中心。中国与包括周边国家在内的整个外部世界的交流与合作，因而也达到了前所未有的规模和水平。中国融入世界和世界进入中国的良性互动，已是不可改变的历史大势。中国通过不断加大改革开放力度深刻地改变自身，通过广泛持久地参与国际关系变革影响地缘政治格局重组和全球治理方向，也是当今时代不可阻挡的历史必然。

中华民族和中国政府历来高度重视周边环境问题。同包括南亚东南亚国家在内的周边各国建立长期稳定、睦邻友好、务实合作的真诚伙伴关系，是我们的一贯立场和原则。20 世纪 50 年代前期，新中国成立不久就与印度、缅甸共同提出了著名的和平共处五项原则，为推动建立二战后新型国际关系体系，为开拓亚洲国家和平发展与安全合作新局面做出了独特贡献。虽然受变幻莫测的国际大环境和地区小环境影响，南亚东南亚两个地区的地缘政治关系错综复杂，我们在处理和发展相互关系方面，曾经有过挫折和教训，但历史地看，中国与南亚东南亚各国关系发展的总趋势是良好的，是持续向前的。

南亚次大陆是当今世界地缘政治关系较为复杂，对中国乃至整个世界的和平发展都具有特殊意义的一个地区。这里拥有近千个历史起源不同、语言文化各异、生活习俗与宗教信仰千差万别的民族与部族，人口总量已近 20 亿大关。这里是人类文明的主要发祥地之一，是人类社会繁衍生息的重要摇篮，也是充满社会活力、发展潜能较好、机遇和挑战长期并存的地区。中国与南亚各国的睦邻友好关系，21 世纪以来也得到长足发展。在政治互信不断增强，高层交往日益密切的情况下，中国与南亚各国在经贸、投资、基建、人文等各领域的合作规模不断扩大。目前，中国与南亚各国的贸易额已超过 1300 亿美元。印度、巴基斯坦、孟加拉国已成为中国在该地区的重要贸易伙伴。中印两国贸易额已经非常接近中国同俄罗斯的贸易额。中巴、中巴阿、中缅、孟中印缅、中尼印等多条经济走廊已开工建设或纳入规划。作为"一带一路"旗舰项目的中巴经济走廊，正处于热火朝天的建设状态。中国与南亚区域合作组织即南亚联盟的联系与合作亦不断扩大。

早在 2010 年，当全球经济还没有摆脱国际金融危机阴影时，世界银行等权威机构即对南亚经济走势做出乐观估计。实际情况也的确如此。包括世界第二人口大国印度在内，南亚经济已连续多年处于高速运行状态。由于各国普遍存在人口红利，国际制造业向该地区加速转移，外来投资加大和国内消费旺盛等因素相互叠加，南亚经济在 2019 年有望增长 7.1%，印度增幅甚至可能达到 7.3%。在"南亚速度"引起国际社会广泛关注的大背景下，中国与南亚各国拓展和深化务实合作势在必行。

东南亚是当今世界经济发展相当活跃、对外联系非常广泛、在国际事务中的地位和作用持续上升的一个地区。据权威机构预测，到 2035 年时，东南亚地区的人口将达 7.5 亿，经济增速将达 6%，GDP 将超过 7.8 万亿美元。作为区域一体化发展楷模的东南亚国家联盟即东盟，在推动东南亚国家共同体建设、加强东南亚区域一体化方面将有更大作为，并将取得更多的经验和成果。

1991 年冷战结束不久，中国即与东盟开启了对话进程，揭开了中国与东南亚各国合作发展的新篇章。1996 年，中国成为东盟全面对话伙伴国，中国与东南亚各国的睦邻友好与务实合作进入新阶段。1997 年，双方确定要共同建设面向 21 世纪的睦邻互信伙伴关系，并于 2002 年签署《全面经济合作框架协议》。2003 年，双方决定建立面向和平与繁荣的战略伙伴关系，中国作为域外国家率先加入《东南亚友好合作条约》。2004 年，中国与东盟签署争端解决机制协议，期待已久的中国—东盟自贸区于 2010 年如期建成。当时，双方共同宣布了扩大和深化合作的一系列重大举措，发表了关于中国—东盟可持续发展领导人联合声明。2013 年，中国提出与东盟共同营造战略伙伴关系"钻石十年"新构想，同时提出打造双方自贸区升级版等一系列新建议，其中包括"2 + 7 合作框架"新主张，即在深化战略互信、聚集经济发展两大共识基础上，推进政治、经贸、互联互通、金融、海上、安全、人文七大领域合作。也就在这一年，习近平主席在雅加达发出了中国与东盟加强海上合作，共建 21 世纪海上丝绸之路的重大倡议，受到东南亚国家的普遍欢迎和支持。中国与东盟各国的睦邻友好与务实合作，从此进入更加广阔的新境界。中国与东盟国家的经贸总额，目前超过 5878 亿美元。中国对东盟地区累计投资达 890.1 亿美元，东盟对华累计投资额达 1167 亿美元，双向投资存量 15 年间增长 22 倍。基础设施建设和园区项目建设取得许多新成果。

当然，从发展角度看，中国与南亚东南亚各国都不同程度地存在经济结构不完善、区域发展不平衡、社会保障不如意、科技文化落后于发达国家、扶贫解困任重而道远等共同性问题。从安全角度看，我们都面临着传统安全与非传统安全相互交织造成的共同压力。历史遗留的领土主权纠纷在许多国家之间长期存在，内部矛盾长期积累与外部势力恣意插手引发的冲突此起彼伏。我们不仅背负强权政治和冷战思维的沉重包袱，同时也面临恐怖主义、分裂主义和极端主义的现实威胁。

从外部环境看，美国不久前正式提出军事结盟色彩异常浓郁的印太战略，试图勾联某些国家，打造围堵中国的政治军事同盟体系，冲击和干扰中国与南亚东南亚各国区域合作进程，为我们携手共建南亚东南亚发展共同体、安全共同体、责任共同体，最终走向命运共同体，增加了变数和难度。我们应在不断研究新问题、不断寻求新对策的过程中，制定并不断完善符合本地区各国共同理念、共同利益和共同目标的合作方式，实行既适应时代挑战又符合本地区实际利益的印太政策与策略。

正是由于世界多极化在曲折发展，经济全球化仍起伏不定，安全格局的设计路径不一，我们与南亚东南亚各国面临的共同问题、共同挑战才彼此类同，紧密交织；共同诉求与共同愿景才高度契合，相互融通；我们的发展道路个性化、治理模式差异化、社会文化多样化才需要彼此牵动，相互策应。可以说，超越社会制度差异，超越意识形态分歧，超越经济发展鸿沟，超越地缘政治纷争，共同开拓和平发展之路，共同谋划合作共赢之道，面对时代风云变幻勇于并善于共克时艰，在同舟共济中走向命运与共的美好未来，这是中国人民和南亚东南亚各国人民的根本诉求，也是我们今后相当长一个历史时期的最大利益所在。

实践证明并将继续证明，中国与南亚东南亚国家在"一带一路"框架下开展更高标准与更高质量、更大规模与更大效益的"一带一路"务实合作，前景无限广阔。这是因为，一方面，通过"一带一路"国际合作，中国与南亚东南亚各国已经建成了一大批高质量、高标准的基础设施项目和民生工程，有力地带动和促进了本地区的现代化进程；另一方面，"一带一路"国际合作为我们走向共同进步和持久繁荣，提供了强有力的思想引领和行动指南，这就是相互联动、互利共赢的发展观，义利兼顾、以义为先的合作观，休戚与共、统筹兼顾的安全观与开放包容、互学互鉴的文明观。新的发展观、合作观、安全观和文明观，为我们相向而行、共谋发展、携手并肩、和衷共济开拓了前所未有的新思路和新视野。

我们确信，在全面开展更高质量的"一带一路"国际合作的过程中，中国和南亚东南亚各国一定会加大投入，力排干扰，砥砺前行；一定会在加强政策沟通、拓展设施联通、力保贸易畅通、推动资金融通、深化民心相通等方面取得更多突破；一定能够在发展思路、机制体制、政策法规的相互对接方面，开辟出不同文明互学互鉴的新路径；一定能够创造出命运与共的地区合作新范式，为打造全人类的命运共同体，积累更多的成果与经验。

5. 中巴经济走廊将为建立新型国际关系提供重要经验[*]

2017 年 11 月，中巴经济走廊第七次联合合作委员会会议在巴基斯坦首都伊斯兰堡成功举行。双方共同拟定的政府间文件《中巴经济走廊远景规划（2017—2030 年)》随即正式发表。早就对中巴经济走廊寄予厚望的两国媒体以及国际社会，对此热议不绝。"中巴经济走廊建设成功，将是整个世界的成功。"巴基斯坦一位权威人士 2015 年作出的大胆预言，正在被事实和时间所验证。

一、中巴经济走廊建设以双方政治互信和共同利益诉求为基础

中国与巴基斯坦合作建设的经济走廊，正如《中巴经济走廊远景规划（2017—2030 年)》所说，是"以两国的综合运输通道及产业合作为主轴，以两国经贸务实合作、人文领域往来为引擎，以重大基础设施建设、产业及民生领域合作项目等为依托，以促进两国经济社会发展、繁荣、安宁为目标，优势互补、互利共赢、共同发展的增长轴和发展带。"根据两国政府所达成的共识，中巴经济走廊的空间范围，包括中国的新疆维吾尔自治区和巴基斯坦全境。

目前，中巴双方都已确认并反复申明，中巴经济走廊是中方倡导的"一带一路"建设的旗舰项目，国际社会实际上也有这样的判断和估计。中巴两国之间的这条经济走廊，之所以能够提出并全速推进，

---

　　* 本文为作者 2018 年 2 月在一次研讨会上的发言。

甚至被赋予如此重要的地缘政治意义，与中巴两国早已形成的特殊友好情谊和利益深度交融关系密不可分。

　　巴基斯坦是南亚地区拥有 1.88 亿人口的穆斯林大国，又是与我国有着 600 多公里共同边界的重要邻国。中巴两国 1951 年 5 月正式建交后，虽然在个别问题上出现过短暂的分歧，但各领域友好交流与互利合作总体上持续未断，始终向前向好发展。1963 年 3 月，双方通过友好协商和谈判，顺利地解决了历史遗留的边界问题，中巴边界成了和平友好与长期稳定的边界。20 世纪 60—70 年代，中国在印巴冲突中为巴方提供了强有力的政治支持和宝贵的军事援助，巴方也一如既往地支持恢复中国在联合国的合法席位。80 年代初，苏联入侵中巴共同邻国阿富汗，中巴双方出于抵抗霸权主义的战略需要，进一步拉紧了双方的政治和外交关系，同时也大大强化了军事安全领域的合作。1982 年，中巴双方签署了开放两国边境红其拉甫口岸的议定书，双方友好交往的大门进一步打开。1989 年 6 月，美国借口北京发生的政治风波，试图在联合国通过制裁中国的决议，巴基斯坦第一个站出来表示反对。美国联合西方国家共同遏制中国的图谋，由于巴基斯坦等国的强烈抵制而遭到破产。

　　1996 年 12 月，中巴两国决定建立面向 21 世纪的全面合作伙伴关系。2003 年，两国元首签署了关于双边合作发展方向的联合宣言。2005 年，两国又签署了睦邻友好条约，宣布建立更加紧密的战略合作伙伴关系。2013 年 5—7 月间，双方发表《关于深化两国全面战略合作的联合声明》和《关于新时期深化中巴战略合作伙伴关系的共同展望》两份重要文件。2015 年 4 月，习近平主席访巴期间，两国发表了建立全天候战略合作伙伴关系的联合声明。

　　从 1955 年中国总理周恩来在万隆会议期间第一次会见巴基斯坦总理，到 2015 年 4 月习近平主席正式访巴，中巴两国领导人的高层接触几十年来从未间断，双方的政治互信度与时俱进，务实合作面不断拓展。两国之间的睦邻友好合作关系历经风雨，愈久弥坚，现已发展成为世界瞩目的全天候的战略合作伙伴关系。两国人民甚至互称对方为"铁哥们"。

巴基斯坦目前仍属于世界上最不发达的国家之一，是农村人口将近50%的农业国。工业门类不齐，基础设施薄弱，科技不甚发达，高新技术几乎为零，人均GDP到2016年时也只有1600美元左右。但巴基斯坦地缘战略位置重要，经济总量位列全球25位，发展潜力不可低估。深化并扩大对华务实合作，始终是历届巴基斯坦政府的共同意愿。早在1982年，中巴两国即已签署自由贸易协定。

进入21世纪后，双方的经贸关系发展较快。到2005年时，中国已成为巴基斯坦第一大进口国。到2013年时，来自中国的商品已占巴基斯坦进口商品的30%以上。中国继美国之后，成为巴基斯坦第二大贸易伙伴。中国对巴基斯坦的投资，亦逐年增加。中方在巴完成的工程承包合同，同样大幅增长，到2013年完成合同额即达1371多亿美元。也就在那一年，中国公司取得了巴基斯坦南方深水良港瓜达尔港的开发运营权。中巴两国迈出了在基础设施领域开展大规模合作的重要一步。

正因如此，习近平主席2015年4月访巴时旗帜鲜明地宣布，中国要与巴方共同努力，将中巴命运共同体打造成中国与周边国家构建命运共同体的典范。

二、建设中巴经济走廊拥有天时地利人和等多种必要因素

正是由于中巴之间早已形成坚实的政治互信关系，夯实了务实合作基础，2013年5月李克强总理访巴时表示，中国始终将中巴关系置于中国外交的优先方向，愿意与巴基斯坦一道，维护传统友谊，推进全面合作，实现共同发展。他建议，双方立即着手编制中巴经济走廊远景规划，打造一条起始于中国新疆喀什，终点至巴基斯坦南部港口瓜达尔港的经济大动脉，以推进双方的互联互通，加强两国在交通能源、海事等方面的合作。当年9月，习近平主席访问中亚和东南亚，发出了中国与周边合作，共建丝绸之路经济带和21世纪海上丝绸之

路的倡议，中巴经济走廊建设由构想变为现实的可能性空前增大。

2014 年 2 月，巴基斯坦总统访华。中巴领导人在联合声明中对两国在经济走廊建设方面已经取得的进展表示满意，确认双方正在积极推进喀喇昆仑公路、瓜达尔港口运营、卡拉奇—拉合尔高速公路等重大项目。双方特别申明，中巴经济走廊建设符合两国发展经济、改善民生、促进地区共同发展与繁荣的需要。双方敦促两国有关部门加速推进相关工作，确保经济走廊建设早日成形并取得实实在在的成果。

2014 年 5 月，巴方发表了《展望 2025》和《中巴经济走廊远景规划》，以政府文件方式阐明了中巴经济走廊对于巴基斯坦的重要意义。当年 7 月，巴基斯坦计划与发展部部长伊克巴尔就中巴共建经济走廊一事来华进行工作访问。他表示：中巴经济走廊一年前只是个概念，但一年之内双方举行两次经济走廊建设联合委员会会议和许多次工作组会议。中巴经济走廊由于 30 多个具体项目获得通过而得以落实，其中 27 个项目计划 3—5 年内完成。

2014 年 11 月，巴基斯坦总理谢里夫来华，参加习近平主席主持召开的互联互通伙伴关系对话会，进一步表明巴方对中巴经济走廊建设的积极态度。当年底，中国对巴基斯坦的直接投资超过了 32.2 亿美元。巴方对中国的投资也超过了 1.1 亿美元。中国对巴投资，开始成为拉动巴国经济增长的重要驱动力之一。负责规划和统筹协调相关事宜的"中巴经济走廊联合委员会"，此时已在巴基斯坦首都伊斯兰堡正式成立。

2015 年 3 月，中国有关部门受国务院委托发表《建设丝绸之路经济带和 21 世纪海上丝绸之路愿景与行动》白皮书，中巴经济走廊被正式列为"一带一路"建设的重大项目。白皮书指出："中巴、中印孟缅两个经济走廊与推进'一带一路'建设关联密切，要进一步推动合作取得更大进展。"2015 年 4 月，习近平主席访问巴基斯坦时郑重宣布，中巴两国将以经济走廊为引领，以瓜达尔港、能源、交通基础设施和产业合作为重点，形成"四位一体"的远景规划和合作布局。作为习近平主席访巴重要成果，双方当时签署50多项合作文件，合同金额高达460多亿美元。

根据双方共识，中国对巴基斯坦的这些投资，既要用于基础设施建设，如道路、电站、工业园区建设，同时也要用于民生工程，包括修建学校、医院、供水工程等，以直接服务于经济走廊沿途人民群众的生产生活。

中巴经济走廊建设受到双方高度重视，并被国际社会广泛关注，原因在于它北起新疆喀什，经过红其拉甫口岸，直达印度洋岸边，穿越巴基斯坦全境，全长3000余公里，不仅包括铁路、公路、光缆、油气管道、电站等基础设施，同时还有物流中心、工业园区、自贸区等配套性的生产设施和生活服务设施。建立这样一个庞大而复杂的经济发展与合作区，一方面会打通相对封闭的中国西部地区通过印度洋走向外部世界的战略通道，另一方面也将使中巴两国经济与南亚各国经济紧密联系在一起，活跃南亚大陆与西亚北非地区的经济联系，创造出借力发展联动发展的区域合作新格局。

目前，中巴经济走廊建设已有50多个在建项目，有些项目早在"一带一路"倡议和中巴经济走廊概念提出之前即已进行。如瓜达尔港项目，中方企业2000年就已投入近2亿美元。此外，为帮助巴基斯坦改造铁路系统，中方2000年即已提供2.5亿美元，2003年又提供了5亿美元。目前规划和在建的大项目主要是：贯通巴国南北方的"1号铁路干线"升级改造工程，全长1700多公里，其北端将延至中巴边境，连通中国铁路，直达喀什；贯通巴基斯坦南北方的最长公路项目，即卡拉奇至伊斯兰堡的高速公路；在巴国第二大城市、旁遮普省省会拉合尔开建的该国首条城市轻轨。

巴基斯坦能源极为短缺，供电普遍不足。盛夏时节，就连首都有时一天也要停电10多个小时，其他地区情况更差，国民经济发展和国民日常生活受到严重制约。为帮助巴方解决这个"老大难"问题，中方对巴能源电力部门投入巨大，投资总额据估计约占经济走廊建设全部资金的70%左右，涉及火电、水电、风电、核电和太阳能等所有部门，涵盖了巴基斯坦全国。其中卡西姆港燃煤电站，是首个开工并且很快投产的能源合作项目。巴卡洛特水电站，则是中方运用自己设立的丝路基金投资建设的首个境外能源项目。

三、中巴双方对共建经济走廊的初期成果均感满意

中巴经济走廊建设规模大，动作快，早期成果已有诸多显现。2016年，中国对巴投资在巴国吸引的全部外资中的比重已经达到49%。中巴两国的贸易额也因此增长到150多亿美元。这些有目共睹的合作成果，在中巴两国和国际上产生了不小的震动。这年11月，当中国首批商船从瓜达尔港出发驶向中东和北非时，时任巴基斯坦总理兴高采烈地出席了开航仪式。他公开表示，巴国的目标就是要在中国帮助下，把瓜达尔这座人口不足10万的渔业小城打造成"印度洋岸边的深圳"。

总体上说，巴基斯坦对中巴经济走廊建设的成就是非常满意的。2017年5月，"一带一路"国际合作高峰论坛在北京召开后，巴基斯坦驻华大使也曾对中国记者说过，中巴经济走廊项目不仅是中巴两国的事，也是"一带一路"中的旗舰项目。双方不仅着眼于互联互通，促进经贸往来，加强工业合作，同时还致力于增进人文交流。据他透露，巴基斯坦如今已是中国第六大留学生来源国，共有13000名巴基斯坦学生在华学习。他主张进一步加强两国人文交流，使两国人民了解战略伙伴关系的价值，认识到巴中两国"同舟共济，患难与共"。

中巴经济走廊建设应运而生，因需而动，始终处于不断充实、调整和发展之中。据巴基斯坦《论坛报》2017年5月12日一篇报道，信德省省长祖拜尔透露，中方已批准加大对中巴经济走廊项目的支持力度，投资规模已由项目启动时的460亿美元，增加到550亿美元，后又增加到了620亿美元。资金中的大部分即340亿美元，将用于电力开发和供应。另有信息显示，上海电力股份有限公司出资约18亿美元，购买了巴国最大的能源企业之一卡拉奇电力公司。另一家中国

公司出资购买了卡拉奇证券交易所的部分股份。

目前，在产业合作领域，双方已成立联合专家组，对两国园区合作进行深入研究。在瓜达尔港地区，瓜达尔东湾快速路及 30 万千瓦燃煤电站项目已正式启动。瓜达尔自由区起步区于 2018 年 1 月正式开园，首届瓜达尔国际商品展销会同时举行。在人文交流领域，中国红十字援外医疗队已进驻瓜达尔港，新疆克拉玛依市政府捐助的气象站已投入使用。在民心相通建设方面，走廊联委会双方秘书处 2017 年共培训巴国政府公务员及一线职工 200 多人，此举既提升了巴方官员和员工的业务能力，同时也增进了两国人民的深厚友谊。

本文开篇提到的中巴经济走廊联委会第七次会议，确认了《中巴经济走廊远景规划（2017—2030 年）》，同时见证了相关工作组会议纪要及瓜达尔新国际机场项目实施协议的签字仪式。目前双方除继续推进原有项目，包括瓜达尔港整体发展计划外，还准备就巴沙大坝项目合作进行接触。

中国方面对中巴经济走廊的初步成功亦表满意，有人将中巴经济走廊称为"一带一路"建设的"示范区""先行区"和"创新区"。中国外长也曾不无自豪地宣布，中巴经济走廊建设是"一带一路"交响乐中的"第一乐章"。总之，中巴经济走廊建设的恢宏画卷，仍处于持续展开的过程之中。作为前所未有的国家间互利合作的大创意，它如同一部史诗，只有序幕而没有尾声。它的早期成果和初步经验，已经得到两国领导人和相关方面的充分肯定。

近日，巴基斯坦国家银行发表声明，批准贸易商在与中方开展贸易活动时使用人民币作为结算货币。目前，巴方已制定相关法规以促进人民币在贸易和投资中的使用。这项政策的出台，将进一步活跃两国的贸易和投资，促使经济走廊建设更快更好地向前发展。

四、要积极稳妥地应对中巴经济走廊建设的风险和挑战

当然，我们也必须注意到，巴基斯坦是个多民族、多种群、多教

派、多政党的国家，国内政治形势和教派关系错综复杂。虽然中巴友谊积淀深厚，社会大多数在对华关系问题上并无根本分歧，但军队和政府之间，中央政权和地方政权之间，不同地方势力集团之间，重大经济项目存在严重的利益纠纷。对于这些复杂情况，我们必须有清醒的认识和估计，必须形成长期而系统的对策。

首先，要在坚持不懈地做好政策沟通和思想沟通的过程中，努力做好与此相关联的机制体制、规则规矩、标准及政策的对接，始终尊重和遵守普遍公认的国际关系准则和巴国特有的法律法规，特别要注意尊重伊斯兰国家独有的一些风俗习惯，注意因项目建设而引发的环保和民生问题。

其次，要在恪守共商共建共享三项基本原则的基础上，在安全领域加强与巴国政府、地方政权、情报机关和军方的沟通、协调与合作，建立国内外快速联动并且长期有效的情势预警机制，使双方共同采用的灵活多样的应急手段与在巴企业自行建立的切实可行的安全防范措施相互统一。对于因恐怖袭击而造成的损失，及时做好善后工作，不做过分渲染和解读。

最后，在坚持中巴经济走廊具有旗舰意义这一基本判断的前提下，努力化解印度和其他域外势力的疑虑和干扰。对第三方合作不仅在政治宣传方面，在策略层面也宜秉持开放态度。

总而言之，努力把中巴经济走廊建设已经面临的各种风险、挑战以及由此造成的各种损失降低至最低限度，符合中巴两国最大利益，也是中巴经济走廊建设和"一带一路"国际合作行稳致远的切实需要。确保中巴经济走廊建设最终取得成功，既可为"一带一路"持续推进，建设好其他几条经济走廊提供宝贵经验，也可为新形势下推动建立以合作共赢为核心的新型国际关系、进而推动建立不同形式的命运共同体提供重要范例。

6. "六大经济走廊"建设的现状与前景*

　　自 2013 年秋习近平主席在中亚和东南亚提出共建丝绸之路经济带和 21 世纪海上丝绸之路即"一带一路"倡议以来，国际社会总体评价之好，合作期望之高，参与范围之广，远远超出了我们的预期和想象。"一带一路"，不仅成了当前国际关系领域中使用频率很高的热门词汇，同时也成了人类社会发展史上前所未有的联动发展行为。截至 2017 年 3 月，"一带一路"倡议已得到 100 多个国家的响应。中国已与"一带一路"沿线国家签署 50 多份政府间合作协议，另外签署了 70 多份部门间合作文件。还有一些国际组织也与中方签署了合作文件。

　　中国为推进"一带一路"建设而设立的丝路基金，已开始运作。同时发起成立的亚洲基础设施投资银行，即亚投行，也已正式运营。其创始成员国多达 50 余个，目前还在陆续增加。在实施"一带一路"建设中具有重大现实意义和深远国际影响的"六大经济走廊"建设，即新亚欧大陆桥经济走廊、中国—中亚—西亚经济走廊、中蒙俄经济走廊、中巴经济走廊、中印孟缅经济走廊和中国—中南半岛经济走廊计划，也在全面推进，势头良好。

一、中国—中亚—西亚经济走廊建设

　　在"一带一路"整体布局和"六大经济走廊"计划中，中国—中亚—西亚经济走廊建设意义特别重大。这不仅仅是因为"一带一

---

* 本文写于 2016 年 11 月。

路"倡议首先在中亚地区提出，因而备受国际社会关注和瞩目，更重要的是，计划中的这条经济走廊，涉及的国家最多，空间距离最大，工程项目最繁杂，任务也最为艰巨。如果我们把"一带一路"比作张开翅膀的鲲鹏，中国—中亚—西亚经济走廊就是鲲鹏展翅中的一翼。它的另一翼就是计划中的中国—南亚—东南亚经济走廊。

中国欲与中亚—西亚地区各国实现互联互通，共同打造一个经济走廊，进而实现更大范围的联动发展和共同繁荣，必然要以中国的西部地区为主要依托。考虑到新疆维吾尔自治区的独特位置，我们以新疆为西进前沿，可以通过陆路交通，即公路、铁路以及油气管道，直接联通哈萨克斯坦、吉尔吉斯斯坦和塔吉克斯坦三国，进而联通乌兹别克斯坦和土库曼斯坦，接下来可以联通伊朗、伊拉克和整个西亚地区，还可联通土耳其以及外高加索地区。这条经济走廊理想的终极目的地，是阿拉伯和地中海两个地区。

建设这条经济走廊，源头在中国，终点是西亚，中段是中亚地区。中亚五国即哈萨克斯坦、吉尔吉斯斯坦、塔吉克斯坦、乌兹别克斯坦和土库曼斯坦，显然是重中之重。该五国总面积 400 多万平方公里，人口目前有 6000 多万。除土库曼斯坦外，其余四国中的主体民族哈萨克、吉尔吉斯、塔吉克、乌兹别克均为跨界民族，世世代代与中国境内同宗同源的民族哈萨克人、柯尔克孜人、塔吉克人、乌孜别克人跨界而居。[①] 其中，哈萨克斯坦、吉尔吉斯斯坦和塔吉克斯坦三国与中国新疆地区直接接壤，中国与该三国的共同边界长达 3700 多公里。乌兹别克斯坦距离中国边境最近处也只有 200 多公里。张骞出使西域逗留康居十余载那个流传千古的故事，就发生在今日乌兹别克斯坦南方历史名城撒马尔汗。驰名中外的古丝绸之路，早就把中华民

---

① 由于翻译问题，吉尔吉斯人在中国称作柯尔克孜，乌兹别克人在中国称作乌孜别克。也有专家论证说，中国西北地区的少数民族撒拉族，历史上与土库曼人实际上也是同宗同源。

族与中亚各国人民紧密地联结在一起。

从经济发展潜力上看，中亚地区最大的优势是自然禀赋较好，特别是石油天然气以及黄金等矿产资源，储量相当可观。此外，哈萨克斯坦幅员辽阔，土地肥沃，发展农业得天独厚。吉尔吉斯斯坦和塔吉克斯坦两国虽然油气储量不大，但拥有异常丰富的水利资源，开发前景普遍看好。从总体上看，这个地区发展潜能无限，市场需求巨大，中国与其开展合作前景广阔。但是，这些国家的基础设施较为落后。有的国家，如吉尔吉斯斯坦和塔吉克斯坦，可以说滞后得相当严重。正是由于这些国家地处中亚深处，地理上高度封闭，与外部世界的联系过去只有俄罗斯一条通道，因而迫切需要借助互联互通，扩大对外合作，拓展其生存和发展空间。

20世纪90年代初苏联解体后，中国与中亚五国迅速建立了外交关系。中国与哈萨克斯坦、吉尔吉斯斯坦和塔吉克斯坦之间历史遗留的边境问题，也通过友好谈判和协商，最终得到了合理解决。中国与中亚五国政治互信、安全合作、经贸往来与人员交流，出现前所未有的崭新局面。进入21世纪以来，中国与哈萨克斯坦、吉尔吉斯斯坦、塔吉克斯坦和乌兹别克斯坦四国在上海合作组织框架内的多领域合作，全方位推进。虽然土库曼斯坦因为获得了联合国批准的永久中立国地位，没有加入上海合作组织，但中国与土库曼斯坦之间早就开展了全方位合作。中土关系与中国同其他中亚国家关系一样，早就具有战略合作伙伴关系的性质和特点。

中国和中亚国家之间，特别是与哈萨克斯坦、吉尔吉斯斯坦、塔吉克斯坦三个接壤国之间的经贸合作与人员往来，多年来一直开展得如火如荼。与这些国家开展互联互通建设的力度也一直在不断增大。由于中方在战略上精心谋划，统筹推进，有关国家积极配合，相向而行，中国与中亚不仅经贸往来和人文交流成果丰硕，在互联互通和基础设施建设方面，早就积累了一批标志性成果。譬如，中国对中亚地区开通了两个铁路口岸、八个公路口岸，中哈边境地区的霍尔果斯互市贸易区建设积累了宝贵经验。中国与中亚五个国家均有客运和货运航班往来，空中走廊建设成就突出。中国与中亚国家的货物贸易总额，特别是中哈贸易额，一直在稳步增长。

早在20世纪90年代即已建成投产的中哈石油管道，开启了中国与中亚国家能源合作的先河。这条具有先导意义的能源通道顺利建成，不仅每年为中国输送1800多万吨原油，永久地开辟出中国与中亚战略合作的新领域，更重要的是激发了中亚国家扩大对华合作的意愿和决心。此后多年，中国在参与和帮助中亚国家建设高等级公路、更新电气化铁路、改造老旧机场和矿山、修建修复水利工程等方面不断做出新的建树。中国—中亚经济区建设不但积累了日益丰富的可见成果，而且具备了更加坚实的实践经验和更加良好的民意基础。

2007年建成投产的中国—中亚天然气管道，可以说是中国与中亚国家实现互联互通的经典范例，同时也是当今世界多边合作史上的一个奇迹。这条管道始于土库曼斯坦北部，经过乌兹别克斯坦和哈萨克斯坦，进入中国新疆，与中国境内西气东输管道相连接，全长上万公里，世界上绝无仅有。这条管道的中亚段长为1837公里，经过中土乌哈四国多家企业通力合作，A线仅用28个月即建成运营。截至2016年11月，该管道已扩大为ABC三条平行管线，累计向中国供应天然气已达1688亿立方米，国内受益省份多达28个。目前，该管道D线建设已经启动，D线不同于原有的ABC三条管线，它途经乌兹别克斯坦南部，经由塔吉克斯坦进入中国新疆南部。天然气极度匮乏的塔吉克斯坦未来将从中受益。ABCD四条管线全部运营后，中亚地区每年最多可向中国输送800亿立方米天然气。清洁能源在中国能源格局中的作用将进一步上升，其意义十分重大。

中国与中亚国家政治互信与日俱增，安全合作日益密切。各方对于经贸合作、互联互通与人文交流的需求和期盼，可谓十分旺盛。这是中国倡议共建丝绸之路经济带、推动共建中国—中亚—西亚经济走廊的有利因素和宝贵前提。但与此同时，我们必须看到，中亚国家之间，由于历史或现实原因，相互间存在许多矛盾和问题，再加上各国领导人发展思路不同，对待区域合作的立场和态度不同，要共同建设丝绸之路经济带，最大限度地实现互联互通，难度还是很大的。

譬如，中方大力推动的中吉乌铁路项目，不仅可以直接联通中国与吉乌两国，而且可以继续西进，联通土库曼斯坦和伊朗，最终进入西亚地区，其经济意义和战略价值有目共睹，但有关国家围绕该铁路的具体走向等问题矛盾重重，协商20多年，始终没有形成真正的共识。在这个项目上，中吉两国的共识似乎多些，但实际商谈中，发现也存在不少矛盾。

再如，中亚地区电力资源整体不足，位于高山峻岭之间的吉塔两国电力严重短缺，哈乌土三国却于10年前相继退出苏联时期形成的中亚统一电网，使吉塔两国雪上加霜。又如，塔吉克斯坦多年前准备重启1982年即已开工，后因苏联解体而下马的罗贡水电站工程，以解决电力短缺问题。中国有关地方和所属公司参与了这一重大项目的可行性调研，并与塔方达成合作协议。但是，作为塔吉克斯坦邻国的乌兹别克斯坦，需要阿姆河的河水浇灌棉田，坚决反对塔方在该河上游修建水利工程，罗贡水电站项目被迫搁置。直到2016年乌兹别克斯坦总统卡里莫夫去世，乌塔关系调整，这个世界上最高的也是难度最大的水电项目才得以再启。

更重要的是，中亚国家虽然总体上说对中国非常友好，都是中国的战略合作伙伴，但对中国在该地区拓展经济利益并扩大人文影响，并非没有防范心理，各国对华签证制度普遍偏严。此外，中亚地区还是国际恐怖势力较为活跃的地区，形形色色的恐怖势力对中国企业走进中亚、中国与中亚国家务实合作的潜在威胁将长期存在。

显而易见，中亚各国之间以及中国与中亚各国之间存在的这些问题和矛盾，如不很好解决，势必严重影响中国与该五国之间的互联互通和次区域合作，严重妨碍中国—中亚经济带的形成和中国—中亚—西亚经济走廊的建设，进而严重制约中国推进"一带一路"的整体部署。对中国来说，仅仅一般性地获得中亚国家支持"一带一路"的政治承诺远远不够。况且，各国表态支持"一带一路"的积极性不尽一致，参与"一带一路"建设的意愿和能力、对"一带一路"的期望和要求，相差甚远，不可一概而论。

当前，中国应抓住乌兹别克斯坦新总统大力调整对外关系的有利时机，因势利导，多做工作，在双边和多边层面加强政策沟通，切实做好发展战略对接，做好跨国的和多边的项目协商。在尽可能短的时间内，制订出中国—中亚次区域经济合作规划或者中国—中亚次经济走廊建设方案。考虑到俄罗斯在中亚地区的特殊关切和传统影响，适当吸收俄罗斯参与中国—中亚经济一体化进程，不仅是必要的，也是可能的。

至于西亚地区，情况就更加复杂。虽然西亚地区各国同属于伊斯兰世界，但各国彼此间的历史文化、发展水平和对外政策，存在重大差异。譬如，伊朗、土耳其、沙特阿拉伯三国，均为西亚地区大国，伊朗、土耳其的人口均越过 8000 万，市场潜力巨大。沙特虽然人口没有那么多，但国土广袤，石油资源极为丰富，在世界能源格局中的地位举足轻重。中国与伊朗、土耳其、沙特阿拉伯等国在基础设施建设等重大项目合作方面，已经积累不少成果，各方合作意愿很强烈。沙特阿拉伯早已成为中国的主要石油供应国，中沙两国之间结成了相当重要的能源合作伙伴关系。

在思考和谋划中国—中亚—西亚经济走廊建设的西段工程时，我们首先会想到伊朗。这毫不奇怪，因为伊朗遭受西方制裁期间，中伊政治关系发展很好，两国早就成为重要的经贸伙伴和能源合作伙伴。自从 1996 年伊朗石油进入中国市场，双方贸易额由此前不足 4 亿美元，增至 2014 年的 510 亿美元。中国每年从中东地区进口的大量原油中，有相当一部分来自于伊朗。中国三大石油公司，全部进入了伊朗。中伊能源合作，从勘探开发到炼油化工，几乎覆盖了全行业。在基础设施建设方面，中伊两国共同完成了很多大项目，包括中东第一条地铁即德黑兰地铁、德黑兰—萨莫尔马高速公路、霍梅尼机场至德黑兰的机场公路等。中国与土耳其之间，在基础设施建设领域的合作同样颇有成就。

上述这一切，从理论上讲，无疑是推进中国—中亚—西亚经济走廊建设的有利因素。然而，问题在于，伊朗、土耳其和沙特阿拉伯这三个西亚"大块头"之间，矛盾十分尖锐，关系错综复杂。伊朗与沙特阿拉伯之间，甚至还断绝了外交关系。在这种情况下，中国向西推进"一带一路"建设，推动西亚各国与中方共建经济走廊，不能笼而统之、一概而论，更不能简单地以我为主，仅从中方良好愿意出发，勉为其难，更不能强人所难。而应因国而宜，分国施策，因势利导。

对于伊朗同西方关系进一步改善、选择余地增大之后，中伊务实合作如何推进，原有的合作构想和项目如何纳入"一带一路"的新框架，应有新的思考和谋划。对土耳其、沙特阿拉伯，也要有更为长远的考虑和安排。至于目前仍处于战乱之中的伊拉克、叙利亚等国，是否要纳入中国—中亚—西亚经济走廊建设的布局，可能需要慎重考虑。如何吸收这些国家参与经济走廊建设，必须把我们推动的互联互通与这些国家的战后重建结合起来，把我们的努力同国际社会的共同努力统筹起来。

从这个意义上说，中国—中亚—西亚经济走廊建设，目前还不宜也无法作出全面而统一的规划。中国—中亚—西亚经济走廊建设，在西亚地区如何规划，如何布局，可能还要经过相当一段时间才能理出头绪，才能确定各方普遍认可和接受的行动规划与方案。有鉴于此，中方也不宜承诺太多，不宜投入太大。这条经济走廊的经营重点，目前主要还是中国—中亚这一段，或者说是中亚地区。此外，我们还必须认真研究"一带一路"建设如何与俄罗斯主导的欧亚经济联盟建设相互协调的问题，认真研究俄罗斯新近提出的建设大欧亚伙伴关系倡议与我们倡导的"一带一路"的关系问题。

我们已经习惯于将中亚地区看作是我们的战略后方，把我们与中亚国家互联互通的成果与经验，视为推进"一带一路"建设和中国—中亚—西亚经济走廊建设的重要保障，但种种情况表明，形势可能不会像我们想象的那么简单。面对这一复杂、艰巨而长期的任务，我们还是应把困难看得多一些。

二、中蒙俄经济走廊建设

俄罗斯是中国最大的陆上邻国，中俄共同边界长达 4300 多公里，是世界上最长的陆地边界之一。由于众所周知的原因，中俄边界历史上问题很多，很不平静。20 世纪 60 年代末，中国与当时的苏联曾经在这条边界上兵戎相见，几乎酿成全面的大规模的军事对抗。1991 年苏联解体后，中国与俄罗斯总结历史、汲取教训，在中苏两国边界谈判已有一定进展的基础上，共同努力，相向而行，最终解决了长期困扰两国关系的边界问题。中俄边界成了两国人民睦邻友好的纽带，成了相互开放与互利合作的桥梁。

中国共有 4 个省区与俄罗斯接壤。其中，黑龙江与俄罗斯共同边界 3045 公里，内蒙古与俄罗斯共同边界 1000 多公里，吉林与俄罗斯共同边界 200 多公里，新疆与俄罗斯共同边界 54 公里。上述 4 省区除新疆因不具备条件没有开通对俄边境口岸外，黑龙江、内蒙古和吉林均已开通对俄边境口岸，口岸总数多达数十对。中俄双方的货物交换和人员往来十分频繁。

中国非常重视俄罗斯这个拥有 1700 多万平方公里国土、由 194 个民族共 1.46 亿人口组成的大邻国。中俄两国的政治关系近年来发展很好，世人皆知。双方 20 多年前建立的战略协作伙伴关系，历经国际风云变幻考验，如今已成为新时代全面战略协作伙伴关系。两国在经济、科技、人文、能源、军工、航天、金融、安全等各个领域的务实合作，以及在国际和地区事务中的协调配合达到了前所未有的高水平。到 2013 年时，中国已成为俄罗斯第二大出口市场和第一大进口来源地。2018 年两国贸易额 1070 亿美元。双方科技合作不断深化，能源合作厚积薄发，金融合作持续推进。

中俄之间每年都要举行元首会晤和政府首脑会议，而且不止一次，有时一年可达五六次。议会、政党、军队和地方领导人之间的交流互访更是异常活跃。双方结成的 120 多对友好城市关系，在增进两国传统友谊、扩大务实合作方面，发挥了重要作用。中国长江中上游地区与俄罗斯伏尔加河沿岸联邦区、中国东北地区与俄罗斯远东地区，也都分别建立了地方合作机制，为中俄两国进一步挖掘互利合作潜力、扩大合作领域展示了广阔前景。

位于中俄两国之间的蒙古国，对中俄两国来说都是非常重要的邻国。这个人口只有 300 多万、国土面积却有 156 万多平方公里的内陆国，矿产资源极为丰富，对中俄两国的经济依存度与日俱增。中蒙两国共同边界的长度，甚至越过了中俄边界，长达 4710 公里。目前仅内蒙古就已经开通了 13 个对蒙边境口岸。驰名中外的中俄铁路，早就将中蒙俄三国紧紧地联系在一起。

中国 1999 年即已成为蒙古国的最大贸易伙伴，两国贸易额年增幅度曾连续多年超过 20%。截至 2015 年底，中蒙两国贸易额已超过 70 亿美元，中国在蒙古国的各类企业已达 5700 多家，各类中资企业对蒙古国的投资接近 40 亿美元。蒙古国 90% 以上的商品出口到了中国，而中国的天津港成了蒙古国重要的甚至可以说是唯一的出海口。

由于地缘位置的特殊性，中俄蒙三方不仅在经济上，甚至在安全上也形成了相互借重、不可或缺的互补关系。

目前中国已有多条通往蒙古国和俄罗斯的铁路和公路。中俄之间还有了石油和天然气管道，开通并拓展了河运和海运，空中联系也在不断扩大。在这种情况下，中方期望在中蒙俄三国之间建立起密切联系的基础设施网络，逐渐形成相互联动的三方市场，最终形成广泛联系且相互依存的经济空间。在此基础上，使庞大的中蒙俄三国市场与俄罗斯所在的整个独联体地区乃至波罗的海地区、东欧地区直至整个欧洲联系起来。由于俄罗斯拥有丰富的石油天然气储量和其他各种矿产资源，蒙古国也是世界上多种矿产资源较为丰富的国家之一，中国拥有近 14 亿人口的大市场，拥有对外开放与合作的巨大动力和充裕的资金，中蒙俄三方在能源、矿产资源及其他各领域开展广泛而深入的互利合作，符合三方的共同利益，具有广阔的发展空间和前景。

2014 年 9 月，习近平主席利用出席上合组织领导人会议之机，在塔吉克斯坦首都杜尚别举行了中俄蒙三国元首会晤，正式提出了共建经济走廊的倡议。他指出，中俄蒙是好邻居好伙伴，三国发展战略高度契合。在当前复杂多变的国际和地区形势下，中方提出的共建丝绸之路经济带倡议，获得俄蒙两国积极响应，可以把丝绸之路经济带同俄罗斯的跨欧亚大铁路、蒙古国"草原之路"倡议进行对接，打造中蒙俄经济走廊，加强铁路、公路互联互通建设，推进通关和运输便利化，促进过境运输合作，研究三方跨境输电网建设，开展旅游、智库、媒体、环保、减灾救灾等领域务实合作。

习近平主席关于共建中蒙俄经济走廊的倡议，立即得到了俄罗斯和蒙古国方面的积极回应。2015 年 5 月，习近平主席与普京总统共同签署了关于丝绸之路经济带建设与欧亚经济联盟建设对接合作的联合声明。与此同时，标志着中国"一带一路"倡议与蒙古国"草原之路"倡议实现对接的首个中蒙合作大项目开始启动，这就是贯穿蒙古国南北全境并直接连通中俄两国的"扎门乌德—乌兰巴托—阿拉坦布拉格"高速铁路工程。当年 7 月 9 日，中蒙俄在俄罗斯的乌法市签署关于建设中蒙俄经济走廊规划的谅解备忘录。

2016 年 6 月 23 日，中蒙俄三国元首利用出席上合组织元首峰会之机，在塔什干举行第三次会晤，并见证《建设中蒙俄经济走廊规划纲要》签字仪式。习近平主席在会晤中特别强调，三方要落实好这个规划，要推进交通基础设施互联互通、口岸建设、产能、投资、经贸、人文、生态环保等领域合作，协力实施重点项目，推动中蒙俄经济走廊建设取得阶段性成果。

9月13日，中方正式对外公布了已经三方批准的《建设中蒙俄经济走廊规划纲要》。根据这份纲要，中蒙俄三方将重点关注以下合作领域：（一）促进交通基础设施发展及互联互通；（二）加强口岸建设和海关、检验检疫监管；（三）加强产能与投资合作；（四）深化经贸合作；（五）拓展人文交流合作；（六）加强生态环保合作；（七）推动地方及边境地区合作。关于合作原则，纲要确定了三方一致原则，即在纲要框架下，对各方确定的地理范围内经三方协商一致的项目和活动开展研究。至于资金来源，纲要确定的是投融资多元化方针，即纲要涉及的项目，将根据具体情况以单独协议方式加以落实，既可以利用国家投资，也可以利用私营机构投资，还可以引入公私合营模式。在推动国际金融机构融资方面，纲要强调包括但不限于亚投行、金砖国家开发行、上合组织银行联合体、丝路基金。

这份纲要出台前，有人认为中蒙俄经济走廊建设主要是两条线，一是以华北地区为主，从京津冀出发，经呼和浩特到蒙古国再到俄罗斯；二是以东北地区为主，从大连出发，经沈阳、长春、哈尔滨抵达满洲里，沿着老中东铁路进入俄罗斯远东地区的赤塔。但上述纲要告诉我们，中蒙俄三方规划中的经济走廊建设目标十分宏伟，三方之间商定的所有项目，无论是基础设施建设还是能源合作，无论是经贸关系还是人文交流，无论是各种园区还是生态合作，都属于经济带建设的范畴。可见，中蒙俄经济走廊建设，实际上是三国发展战略实现更加广泛的对接，三国在更大范围内谋求更高水平的联动式发展。实施这样一份规划纲要，中蒙俄三国的发展利益将更加紧密地交融到一起，三国最终会形成发展共同体、利益共同体、责任共同体和休戚与共的命运共同体。

2016年9月，就在《建设中蒙俄经济走廊建设规划纲要》发表之前，中蒙两国跨境经济合作区二连浩特—扎门乌德跨境经济合作区中方一侧破土动工。蒙方一侧也开始启动商业招标程序。与此同时，首座横跨黑龙江的中俄同江大桥俄方工程有望近期启动。据估算，这座铁路大桥交付使用后，其年过货能力将达 2100 万吨，货运能力大大超过中俄间现有的两条铁路运力之和。这些重大项目开始实施或陆续推进，标志着"中蒙俄经济走廊"建设已经转入快速发展期。

三、新亚欧大陆桥经济走廊建设

新亚欧大陆桥又称第二亚欧大陆桥，相对于旧的亚欧大陆桥而得名。有人说，它起始于中国山东省日照市和江苏省连云港市。还有人认为，山东的青岛市也属于新亚欧大陆桥源头城市。新亚欧大陆桥自东而西，横贯中国 7 省区，途经徐州、商丘、开封、郑州、洛阳、三门峡、渭南、西安、宝鸡、天水、兰州、乌鲁木齐等很多城市，境内长度超过 4000 公里。新亚欧大陆桥西抵位于中国与哈萨克斯坦边境的阿拉山口，而后经由哈萨克斯坦，进入俄罗斯和东欧地区，最后抵达位于荷兰的鹿特丹港，或位于比利时的安特卫普港。

新亚欧大陆桥全长 10800 多公里[①]，是当前连接亚太经济圈和欧洲经济圈、沟通太平洋和大西洋最便捷的一条陆路大通道，沿途共有几十个国家。从理论上讲，有专家把第二亚欧大陆桥分成北线、中线和南线，认为北线是在哈萨克斯坦境内径直北上，进入俄罗斯，再经白俄罗斯进入波兰和东欧各国以及西欧各地；中线是经哈萨克斯坦进入俄罗斯后，经乌克兰和东欧进入西欧，至英吉利海峡港口；南线是在哈萨克斯坦境内南下，经中亚其他国家进入伊朗、土耳其，而后进入黑海经济圈，进入外高加索、巴尔干等地。但大多数人还是倾向于这样的说法，即新亚欧大陆桥东端起始于中国连云港，西端终止于荷兰鹿特丹。

新亚欧大陆桥 1992 年开通运行 20 多年来，作为联通中国与外部世界的国际化铁路干线，为中国经济和社会发展，特别是沿途七省区 65 个地市拓展对外经贸联系、建设开放型经济，发挥了重要作用，

---

① 也有材料说新亚欧大陆桥全长 10900 公里。

也可以说是作出了不可估量的贡献。近三年来，随着"一带一路"倡议的提出，互利共赢、合作共赢成为我国新一轮对外开放的重要理念，中国企业走出去、中国装备走出去、中国制造走出去、中国标准走出去蔚然成风，高潮迭起，对外开放出现了全国动员、全民行动的崭新局面。在这种形势下，新亚欧大陆桥又迎来了新的发展机遇。

前几年，由于欧洲金融危机持续发酵，独联体国家因能源价格下滑而陷入经济困境，新亚欧大陆桥的整体效益一度严重受损。现在，这种局面开始逐渐改变。中国铁路总公司组织开通了中国与欧洲的国际联运货物班列，首开先河的是重庆。2011 年，重庆开出了经过新疆驶向欧洲的首趟（渝新欧）货物班列。此后，沿着这条"钢铁运输走廊"，陆陆续续地又开通了成都—新疆—欧洲（蓉新欧）、郑州—新疆—欧洲（郑新欧）、义乌—新疆—欧洲（义新欧）、武汉—新疆—欧洲（汉新欧）等多趟货物班列。中欧班列为活跃中国北方和中西部地区对外经贸关系开辟了新渠道，注入了新动力。

到 2016 年 6 月，全国已有 16 个城市向欧洲 12 个城市发出货物班列总计 1881 次，另有回程班列 502 次。这些班列运行的线路 39 条，实现的进出口贸易额总计达 170 亿美元。在这种情况下，为整合班列，加强管理，2016 年 6 月，中国政府有关部门将这些班列统一命名为中国欧洲班列。统一品牌标志，这只是中方打造"快捷准时、安全稳定、绿色环保"的铁路国际联运体系的第一步。我们所要实现的是"六个统一"，即统一品牌标志、统一全程价格、统一运输组织、统一服务标准、统一经营团队、统一协调平台。为此，推进"一带一路"建设工作领导小组办公室印发了《中欧班列建设发展规划（2016—2020 年）》及中欧班列管理办法。根据这些新的文件，中国欧洲班列进入欧洲将有东西中三条通道，而不仅仅是新亚欧大陆桥的西部通道。枢纽节点和运输线路以及货运班次都将进一步增加，货源和货运量也进一步扩大，空间布局将更加合理。

2016 年 6 月 20 日，习近平主席访问了波兰，与波兰总统杜达一道出席了丝路国际论坛暨中波地方与经贸合作论坛开幕式。他在讲话中强调了中国与中东欧国家弘扬丝路精神的重要意义，提出了共创共享美好未来的现实前景，而后与杜达总统一道，共同出席了统一品牌的中欧班列首达欧洲（波兰）仪式。此举一方面意在推进中国与中东欧国家加速互联互通的进程，另一方面也标志着横跨亚欧大陆的这条国际联运系统将更加规范有序地向前发展。

新亚欧大陆桥由昔日一般性的运输走廊，过渡到经济走廊和经济带，自然而然地要与"一带一路"框架下的中国—中亚—西亚经济走廊建设、中蒙俄经济走廊建设相呼应、相协调。因此，新亚欧大陆桥经济带建设的主攻方向和重点区域在中国国内。因为我们在哈萨克斯坦等中亚国家也好，在俄罗斯或蒙古国也好，任何较大规模的基础设施建设、园区经济建设或物流中心建设，都会纳入中国—中亚—西亚经济走廊范畴，或者纳入中蒙俄经济走廊建设范畴。

因此，沿着新亚欧大陆桥开展的经济走廊建设，重心必然在国内，在华东、华北和中西部地区。据悉，有关方面正在研究加快新亚欧大陆桥中国段建设的具体措施；研究在沿线地区实行沿海地区已经实行的开放政策的可行性；还在考虑根据需要和可能，在沿线建立不同形式不同规模的经济开发区、保税区、物流中心，试办资源型开发区、新型资源加工企业，试办农业合作开发区、建立亚欧农产品批发贸易中心、加大沿线地区工业化城市化步伐，等等。

新亚欧大陆桥在我国境内的地域空间足够广阔，沿途省区加上辐射区在内，总面积占我国陆地国土的1/3以上，人口超过了4亿，也将近我国人口总量的1/3。根据这些数据，我认为，仅仅实施上述计划远远不够。条件成熟时，还可考虑在每个省份选择一个城市，如连云港、郑州、西安、兰州等，分别建立各具特色的次区域经济中心，并努力创造条件，提供强有力的政策支持，尽快将乌鲁木齐市打造成中国西部地区的国际金融中心、商贸中心和文化旅游中心。须知整个中亚地区，至今没有这样一个中心，除乌鲁木齐外，也没有哪个城市具有这样的潜质和可能。

要在一个相对不长的时间里，把新亚欧大陆桥由交通走廊升级为名至实归的经济走廊，仅仅做好上述各方面工作仍然不够，还要大力做好"引进来"的工作。早在 2014 年，哈萨克斯坦位于连云港的中国（连云港）物流合作基地项目即已开工，并于 2016 年宣告完成。这个项目为同样是内陆国、没有出海口的蒙古国和中亚其他国家，提供了非常好的示范，同时，也为中国自身如何与"一带一路"沿线重要国家在我们境内开展合作，积累了成功的经验。

以新亚欧大陆桥这条跨境跨洲的铁路大通道为基轴，全线展开经济走廊建设，目前有了一些设想和方案，也有了一批重要的阶段性成果，但这远远不够。这一切只不过是刚刚开始。

在"一带一路"建设的总体构想中，从地区分布情况看，前三个走廊，即中蒙俄经济走廊、中国—中亚—西亚经济走廊、新亚欧桥走廊，主要位于"一带一路"的西部和北部，连接的是华中、华北、西北和我国北部和西部的邻国。而另外三个走廊，即中巴经济走廊、中国—中南半岛经济走廊和孟中印缅经济走廊，连接的是主要是华东、华南、西南和我国西南、东南方向的邻国（其中既有陆上邻国，又有海上邻国）。

四、中巴经济走廊建设

中国与巴基斯坦共同建设的经济走廊，目前已成为"一带一路"建设中的旗舰式项目。这条仅仅连接中巴两个国家的双边经济走廊，之所以能够提出并迅速推进，与中巴两国的特殊关系密切相关。巴基斯坦是南亚地区拥有 1.88 亿人口的穆斯林大国，又是与我国有着共同边界的友好国家。中巴两国长期形成的睦邻友好合作关系，历经风雨，愈久弥坚，发展为全天候的战略合作伙伴关系。两国人民甚至互称对方为"铁哥们"。

近年来，随着两国自由贸易协定的签署，中巴经贸关系有了较大发展。自 2005 年起，中国就是巴基斯坦第一大进口国，到 2013 年时，中国商品已经占巴基斯坦进口商品的 30% 以上，中国已继美国之后成为巴基斯坦第二大贸易伙伴。中国对巴基斯坦的投资，亦呈逐年增加之势，中方在巴完成的工程承包合同，同样有较大幅度的增长，完成合同额 2013 年上升到 1371 亿美元。

正是因为中巴之间早已形成如此坚实的合作基础，2013 年 5 月李克强总理访问巴基斯坦时，正式向巴方提出了两国共同努力建设经济走廊的建议。李克强总理表示，中国始终将中巴关系置于中国外交的优先方向，愿意与巴基斯坦一道，维护传统友谊，推进全面合作，实现共同发展。为此，他建议双方立即着手编制中巴经济走廊远景规划，打造一条北起中国新疆喀什，南至巴基斯坦南部港口瓜达尔的经济大动脉，以推进双方互联互通，加强双方在交通能源、海事等方面的合作。

2014 年 2 月巴基斯坦总统访华时，两国领导人联合声明中对中巴经济走廊建设取得的进展表示满意，确认双方都在积极推进喀喇昆仑公路、瓜达尔港口运营、卡拉奇—拉合尔高速公路等项目，认为中巴经济走廊建设符合两国发展经济、改善民生及促进本地区共同发展与繁荣的需要。双方还敦促两国有关部门加速推进，确保中巴经济走廊早日成形并取得实实在在的成果。

2014 年 5 月，巴方发表《展望 2025》和《中巴经济走廊远景规划》，以政府文件方式阐明了中巴经济走廊对于巴基斯坦的重要意义。

2014 年 11 月，巴基斯坦总理谢里夫来华参加了习近平主席主持的互联互通伙伴关系对话会，进一步表明了巴方对中巴经济走廊建设的积极态度。2015 年中国发表的《建设丝绸之路经济带和 21 世纪海上丝绸之路愿景与行动》白皮书，正式确认中巴经济走廊为"一带一路"建设中的重大项目。

中巴经济走廊之所以受到高度重视，被视为"一带一路"旗舰项目，原因在于它北接丝绸之路经济带、南联海上丝绸之路，贯通中国西部，建成后对加快中国西部大开发、实现西部地区开放式发展意义重大。这条以新疆喀什为起点，经过中巴边境红其拉甫，穿越巴基斯坦全境，直达印度洋岸边瓜达尔港的经济走廊，全长 3000 余公里，不仅包括铁路、公路、光缆和油气管道等基础设施，同时还将有电站、物流中心、各种工业园区、自贸区等配套性的生产设施和生活服务设施。它将中国与南亚大陆的经济区直接连在了一起，其影响直达西亚北非地区。

2015 年 4 月下旬，习近平主席访问了巴基斯坦。他在访问时明确提出，中巴两国广泛开展的务实合作，将以中巴经济走廊为引领，以瓜达尔港、能源、交通基础设施和产业合作为重点，形成"四位一体"的远景规划和合作布局。根据双方达成的文件，此后几年，中国对巴基斯坦的投资将达 460 亿美元之巨。这些投资不单纯用于基础设施建设，同时还将用于民生工程，修建学校、医院、供水工程等诸多项目，以直接服务于经济走廊沿途人民群众的生产生活。负责规划和统筹协调相关事宜的中巴经济走廊联合合作委员会，此前已在巴基斯坦首都伊斯兰堡正式成立。

目前，中巴经济走廊已有 50 多个项目在建或开工，有些项目是"一带一路"倡议和中巴经济走廊提出之前就已经在进行了。如瓜达尔港建设项目，早在 2000 年中方就已投入将近 2 亿美元。该港建成后，巴基斯坦海洋运输能力将增长 1 倍。为帮助巴基斯坦改造铁路系统，中方当时还提供了 2.5 亿美元，2003 年再次提供了 5 亿美元。

目前规划和在建的项目中影响较大的有：中国拟帮助巴基斯坦升级贯通其南北方的"1 号铁路干线"，全长 1700 多公里，其北端将延至中巴边境，连通中国铁路直达喀什；帮助修建贯通巴基斯坦南北方的最长公路即卡拉奇至伊斯兰堡的高速公路；由于巴基斯坦能源短缺，供电严重不足，中方对巴能源电力部门的投资约占走廊建设项目全部资金的 70% 左右。卡西姆港燃煤电站，是首个开工的能源合作项目。巴卡洛特水电站，则是中国丝路基金投资的首个电力项目。

五、中国—中南半岛经济走廊建设

中国—中南半岛这条经济走廊，连接的是中国与东南亚国家，简而言之就是东盟国家，首先是缅甸和印度支那半岛的越南、老挝、柬埔寨，此外还有泰国、马来西亚和新加坡。有人将新加坡称为中国—中南半岛经济走廊的终点，我认为这并不十分准确。构建中国—中南半岛经济走廊，不可能不考虑印度尼西亚这个东盟头号大国，自然也不能放弃菲律宾等其他东盟国家。虽然东盟10国中有的国家与中国存在严重的领土主权和海洋权益之争，但综合历史与现实多种因素，这些国家总体上还是被视为与中国一衣带水的邻邦。因此，东盟10国，包括千岛之国印度尼西亚，也包括菲律宾、文莱，都应纳入中国—中南半岛经济走廊的规划与建设之中。

中国与东盟国家合作的领域，早就十分宽泛，包括各类基础设施建设，同时还包括投资、金融、产能、人文交流、执法合作、工业园区建设、网络化建设、非传统安全等许多领域。中国与东盟之间的经贸关系，早就发展到很高水平，并且早就建立了自贸区。双方不断扩大的经贸联系，有力地带动和促进了各自的经济发展。2014年9月，中国与东盟开始启动自由贸易区升级版谈判，目的是进一步扩大贸易规模，提升经贸合作水平。谈判成功后，中国与东盟的经贸关系与互利合作，将成为区域合作、南南合作的又一典范，同时也会为"一带一路"建设、为中国—中南半岛经济走廊建设注入新的动力。

东盟10国无论大小远近，无一例外地支持中国提出的"一带一路"倡议。作为东盟最大成员国的印度尼西亚，认为该国的"全球海洋支点"战略构想与中方倡导的"一带一路"高度契合。2015年3月佐科总统访华时，与中方共同表达了深化基础设施建设和产能合作，鼓励各自企业在铁路、公路、港口、码头、机场以及电力、光伏、钢铁、有色金属、造船、建材等许多行业和领域开展合作的意愿。中国与印尼还签署了关于基础设施建设与产能合作、关于雅加达—万隆高铁合作的两个谅解备忘录。

又如，泰国与中国并不接壤，但泰国方面充分认识到"一带一路"的意义和影响。泰国驻中国大使曾表示，"一带一路"将会创造一个有利的环境以增强地区之间的互联互通，推动全球经济增长，创造更多就业，并在全球经济面临不确定性和增长停滞的挑战下，推动经济繁荣。另外，"一带一路"倡议与东盟早些时候提出的建设互联互通铁路公路网的动议非常相似。因此，泰国对这一倡议表示欢迎。

再如，只有几百万人口、与中国有着共同边界的老挝认为，建设中国—中南半岛经济走廊对该国非常重要，并且与老挝的国家发展战略相符，有利于老挝发挥区位优势，从一个内陆国变为内外联通的国家。

2016年5月在广西南宁召开的第九届北部湾经济合作论坛暨中国—中南半岛经济走廊合作论坛，彰显了各方通力合作、共推中国—中南半岛经济走廊建设的强烈意愿和决心。论坛发表的倡议书建议各方：一要加强沟通衔接，凝聚合作共识；二要推动互联互通，畅通合作渠道；三要推动便利化，扩大投资贸易往来；四要发展人文交往，夯实民意基础。论坛期间共签署9个合作项目，投资总额为784亿元人民币，其中包括中国—中南半岛跨境电商结算平台、中国—东盟（钦州）华为云计算及大数据中心、龙邦茶岭跨境经济合作区试点项目、缅甸中国（金山都）农业示范区等。

中国—中南半岛经济走廊以中国云南、广西等省区为开放与合作前沿，直接联通的是越南、老挝、缅甸，通过越老缅三国，可以进一步联通东南亚其他国家。目前，在广西方面，中越两国间的北仑河二桥即将合龙，峒中（横模）大桥项目也在积极推进中。广西通往中南半岛的国际公路通道连结点多达12处，获批国际道路运输线路28条，已经开通的客运线路共11条。在云南方面，通往越南、老挝、缅甸的高速公路中国境内云南段，已经建成，新滇越铁路已经通车。中国—老挝铁路、中国—缅甸铁路的云南段已经开工。与中缅天然气管道配套的1300万吨石油炼化项目，很快将投产运营。

东盟各国普遍赞赏和支持"一带一路"倡议和建设经济走廊构想，并且全部加入了中国发起成立的亚洲基础设施投资银行，这也充分证明东盟各国参与"一带一路"、参与经济走廊建设的积极态度。北京大学海洋研究院一份报告显示，在"一带一路"建设的六大经济走廊中，中国—中南半岛经济走廊是"五通"指数得分最高的，其中"民心相通"得分最高。可以说，中国—中南半岛经济走廊，民意基础是最好的，政策沟通相对来说也比较容易，前景很好。

近年来，中国作为大湄公河次区域经济合作重要参与国，与各方共同商讨大湄公河次区域的包容性和可持续性发展问题，并就许多合作议题达成协议。这一切都为中国—中南半岛经济走廊建设奠定了良好基础。中国与泰国、老挝和印度尼西亚分别达成的关于铁路合作的备忘录或相关文件，标志着全面而快速地推进中国—中南半岛经济走廊建设的条件总体上已经成熟。

当然，如同任何重大国际合作事务一样，中国—中南半岛经济走廊建设，不可能没有困难和意外波折，不可能总是一呼百应、一帆风顺。中南半岛各国之间的利益毕竟不是完全一致的，我们与这些国家在发展战略、具体项目上的沟通与协调，特别是重大项目和涉及多方利害关系的合作项目，协商与沟通还须假以时日。此外，我们还必须充分考虑，中南半岛所在的整个东南亚和南海地区形势复杂而多变的特点近年来格外突出。一些国家相互之间历史遗留的老问题，目前已与域外势力介入插手引发的新问题相互交织。这种情况持续下去，势必会给我们推动的"一带一路"建设进程，特别是海上丝绸之路建设，带来可以预见和某些不可预见的麻烦和挑战。对此，我们还是要有清醒的认识和足够的准备。

六、孟中印缅经济走廊建设

众所周知，缅甸、印度和孟加拉国都是中国的重要邻国，其中缅印两国还是中国的陆地接壤国。中缅边界长达近 2200 公里，已经完全划定，边界局势相对稳定。中印边界约 2000 公里，存在多处重大争议，但目前争议地区的局势也很稳定。我们认为，只要中印双方把握好管控好分歧和争议，中印之间的问题不会影响孟中印缅四方合作，共同探讨和推进孟中印缅经济走廊建设是可行的，也是可能的。

建立孟中印缅经济走廊这一构想，最早可以追溯到 20 世纪 90 年代中国与孟加拉国、缅甸、印度四国学者共同举行的学术研讨会。1999 年，孟中印缅四方有关代表首次云集中国云南，在昆明召开经济合作大会。这次大会发出的倡议书，进一步明确了四方共同努力建设联通孟中印缅四国的经济走廊的构想。但当时的条件很不成熟，大会开过之后，四国之间没有太大的合作项目，各方也没有作出更积极更具体的外交努力。

中国和缅甸、印度、孟加拉国虽然都是发展中国家，但联合起来人口众多，市场巨大，需求旺盛，潜力可观。据统计，目前缅甸人口有 5000 多万，孟加拉国人口 1.6 亿，印度人口已接近于中国。当然，除了中国，缅甸、印度和孟加拉国的发展水平在世界上排名都比较靠后。根据世界银行和国际金融机构提供的数据，2015 年全球 189 个经济体中，综合排名印度居第 130 位，缅甸居第 167 位；孟加拉国居第 174 位。中国状况比上述三国好得多，但也排在 80 多位。

经济不发达，导致孟印缅三国的基础设施建设长期滞后，基础设施建设所需资金，据悉高达 600 亿—800 亿美元。这就为中国推动互联互通、推进"一带一路"建设提供了巨大空间和可能。2013 年 5 月，在中国的"一带一路"倡议还没有正式提出之前，中国政府总理李克强利用访问印度之机，正式发出了共同建设孟中印缅经济走廊的建议，引起了印度以及孟加拉国、缅甸的普遍重视。

当年 12 月中旬，也就是习近平主席发出"一带一路"倡议之后，中国召开周边外事工作座谈会，正式确认"一带一路"为重大国家行为。此后不久，孟中印缅经济走廊建设联合工作组第一次会议在昆明举行，这次会议讨论了四国间的基础设施建设、相互投资、商务合作、经贸关系、人文交流等问题。

由于独特的地理位置和历史上形成的各种因素，云南省在推动孟中印缅经济走廊建设方面一直保持积极作为状态。2015 年 6 月，由中国云南省工商联牵头，孟中印缅四国 14 家较大的商会和协会的代表在昆明召开会议，再次聚焦经济走廊建设问题。会议讨论了有关机制建设问题，成立了四国商会合作联盟。这是四国经济协调组织朝着建设经济走廊方向迈出的很有意义的一步。这一年，云南与该三国的贸易额达到 80 多亿美元，其中 58 亿美元是与缅甸实现的。

中国为推动孟中印缅经济走廊建设，做了大量的台前台后的外交努力，主要是政策沟通和理论引导。例如，2014 年孟加拉总理谢·哈西娜来华访问时，我国领导人亲自做其工作，很有成效。她不但明确表示，孟加拉国需要这样一个经济走廊，同时还表示，孟加拉国具有区位优势，发展基础设施空间巨大，可以在孟中印缅经济走廊和整个"一带一路"建设过程中发挥不可替代的重要作用。

又如，2016 年 5 月，习近平主席会见来访的印度总统穆克吉，针对印度社会对中国"一带一路"倡议存在的某些疑虑，深入细致地做了印方工作。他建议双方释放务实合作潜力，推动能源、产业园区、智慧城市等合作实现早期收获，探索在新能源、节能环保、信息技术、人力资源等领域实现优势互补，加强产能、投资、旅游、服务贸易等领域合作。此外，习近平主席还建议，中印双方要抓紧人文纽带，继续积极落实两国的文化交流计划。他还表示，中国愿意与印度探讨，将印方"向东行动"倡议与中方"一带一路"倡议对接。他特别提议，双方要推动孟中印缅经济走廊建设，争取尽快取得实质性进展。

　　总体上看，孟印缅三方对于同中国合作建设经济走廊，表态还是积极的，但四国之间，毕竟基本国情不同，发展思路不同，执政理念不同，存在着相互间的政策沟通问题。除"政策不通"外，上述三国还存在着专家学者们所说的"资金不足""通道不畅""信任不够""犹疑不决""行为不力"等诸多问题。

　　推动孟中印缅经济走廊建设，如同推动其他几个经济走廊建设一样，绝不是一日之功，既不可操之过急，更不可急功近利。比起其他经济走廊建设，孟中印缅经济走廊的难度或许会更大，风险和问题会更多。

　　我们必须持之以恒地做好政府层面的政策沟通和释疑解惑工作，锲而不舍地开展好媒体合作、人文交流等民心相通工作，增进相关国家政府、政党、地方政权、非政府组织和社会各界对多边合作的认知，增进对互联互通普惠性的了解。同时，还要加强经济走廊途经国家和地区形势跟踪与研判，与具体的项目合作伙伴建立良好而稳定的互信合作关系，做好应对各种意外风险的准备，循序渐进地把"一带一路"框架下的各个经济走廊规划好、设计好、维护好、运营好，努力改变经济走廊建设有的高歌猛进、有的落后于预期的不平衡状况，使经济走廊沿线各国人民早见实惠、早享成果、早日受益。

7. 中国—中亚天然气管道是中外能源合作的成功范例[*]

中国—中亚天然气管道发端于土库曼斯坦北部，途经乌兹别克斯坦、哈萨克斯坦两国，进入中国新疆霍尔果斯口岸，全长约2300多里。2009年12月14日，中土乌哈四国元首齐聚土库曼斯坦境内阿姆河右岸一块沙漠腹地，出席中国—中亚天然气管道首家处理厂竣工仪式，共同开启了通往中国的天然气管道阀门。产自土库曼斯坦的天然气，中国急需的清洁能源，就这样通过中亚管道，接入中国西气东输管道，进入西北、华北、华东、华南和香港地区。

截至2015年12月14日，中国6年间通过中亚管道，已累计进口土库曼斯坦天然气1350亿立方米。有2亿多中国人使用上了从遥远的中亚输送来的清洁能源。迄今为止，中国从境外进口天然气的管道仅有两条，一条是中国—中亚天然气管道，另一条是中缅天然气管道，但通过后者进口天然气数量有限。中国与俄罗斯虽然签署了共建西线天然气管道意向书等文件，但未能达成商务合同，东线管道建设签订了合同并且宣称已经开工，但进展不快，尚未能向中国输气。因此，我们沿着古丝绸之路建起的第一条陆上能源进口大动脉，目前已成为中国陆上进口天然气的最重要渠道。

中国—中亚天然气管道的建设工作始于2007年，但中国与土库

＊ 本文系作者研读国家发改委原副主任、国家能源局原局长张国宝同志新作《筚路蓝缕——世纪工程决策建设记述》后的感悟与联想，2019年2月初发表于察哈尔学会公号。

曼斯坦在天然气领域开展合作，却酝酿了很久。早在 1992 年土库曼斯坦独立后不久，该国时任总统尼亚佐夫首次访华前就对新华社记者表示过："从长远看，我们可能修建从土库曼斯坦经中亚国家通向中国的输气管道项目。"此后，尼亚佐夫总统曾向中方提出过向中国供应管道天然气的倡议，但是也许当时条件尚未成熟，相关合作未能取得实质性的进展。

2005 年 5 月 9 日中国国家主席胡锦涛在莫斯科出席苏联卫国战争胜利 60 周年纪念活动时，与前来参加这一重要活动的土库曼斯坦总统尼亚佐夫举行会晤，双方就此问题交换了意见。当年 7 月，时任国务院副总理吴仪率团访问土库曼斯坦，与尼亚佐夫总统就此问题进一步交换了意见。为了实现向中方稳定供气，尼亚佐夫总统表示，土方可以拿出阿姆河右岸的天然气区块让中国公司参与开发。2005 年底至 2006 年初，双方在工作层面就此问题进行了具体磋商。双方都希望尽快达成协议，作为尼亚佐夫总统 2006 年春季访华的一项重要成果。

但是，据有关部门负责同志后来介绍，中方希望参与土库曼斯坦天然气开发的谈判一开始并不顺利。因为该国法律早有规定，不允许外国公司以产品分成方式参与本国油气资源开发。中国方面认为，土方当时的开采能力，无法保证每年稳定地对华出口 300 亿立方米天然气，而土方供气量达不到这样的规模，中国修建数千公里天然气管道，经济上不可行。这个账不能不算！后来，经过反复谈判和磋商，土方最终同意拿出阿姆河右岸的五个区块与中石油进行勘探开发合作，突破了土方不允许外国公司参与勘探开发本国天然气区块的规定。如果没有尼亚佐夫总统的决心，这是不可能的！

中土在天然气领域开展合作，建设中国—中亚天然气管道建设，这是世界上从未有过的重大项目，涉及乌兹别克斯坦和哈萨克斯坦两个管道过境国。而这两个国家能否与我们积极合作，中方最初也没有把握。因为这两个国家作为管道的过境国各有自己的利益诉求，谈判将十分艰苦和复杂。

情况的确如此。记得当年我作为中国大使，第一次约见乌兹别克斯坦主管对外经贸事务的副总理，向他陈述中国—中亚天然气管道建设计划，递交中方草拟的协议文本时，他竟当场拒绝。他的理由是：中亚已经有一条通往俄罗斯的天然气管道，早已解决了天然气出口走向问题。他还声称，乌方本身不需要这样的管道，中方要建管道，那是你们自己的事。乌兹别克斯坦的土地像眼珠一样珍贵，绝不允许任何人在我们的土地上搞任何工程建设。我建议他先不要急于表态，而是尽快向卡里莫夫总统汇报，因为我国领导人已经与卡里莫夫总统在上合组织元首会议期间交换过意见。

几天后，这位副总理主动约见了我，就建设途经乌兹别克斯坦的中国—中亚天然气管道一事表明了开放态度，采取全面合作的建设性立场。我想，一定是经验丰富的卡里莫夫总统看中了这个项目对乌兹别克斯坦的潜在价值，看到了这条过境管道对于乌兹别克斯坦未来发展的特殊意义。由于中方始终坚持着眼于大局，着眼于长远，双方很快就商定，中石油与乌兹别克斯坦石油公司共同成立管道公司，各持50%股份，各自承担50%工程量，以共同设计共同施工、责任共担成果共享的方式，共建共管中国—中亚天然气管道乌兹别克斯坦段。

但是，中国—中亚天然气管道建设项目实际运作中，中方在资金投入、技术准备、材料采购、现场作业等所有方面的付出，都要远远大于合作伙伴方，有时还不得不承担某些意外变故带来的风险和损失。譬如，正当整个工程建设按部就班全线展开时，乌兹别克斯坦那位副总理突然紧急约见我们，要求中方立即停工，理由是管道线路设计未经乌方正式批准。中方施工单位一时茫然不知所措。

后经详细了解才知道，乌方的真实想法是希望我们将管道改线，绕道乌方附近一个天然气田，以便日后乌方天然气产量增加时，可以借道向中国输气。克服时间紧任务变造成的严重困难，中方决定满足乌方要求，承担由此产生的额外开支，谋求双赢结果，以保证管道建设如期完工。乌兹别克斯坦希望管道能适当绕道，兼顾今后潜在向中国出口乌兹别克斯坦天然气的可能性。

时光荏苒，岁月如梭。中国—中亚天然气管道正式运营已逾八年。记得管道正式运营时，包括乌兹别克斯坦在内，中亚各国媒体进行了热烈而友好的广泛报道。很多国家驻乌兹别克斯坦的大使也纷纷向我表示祝贺，就连德国、美国大使也说：这样漫长的一条管道，只有你们中国能建成！

如今，中国—中亚天然气管道早就不是当初的一条管线了，而是 A、B、C 三条管线同时并存的。按照设计能力，这三条管线如果满负荷运转，每年可向中国输送 800 亿立方米天然气，中国的能源消费结构将有重大改观。当然，诚如国宝同志书中所言："由于近年石油天然气价格下跌，国内能源价格也未理顺，天然气增长不如预期，价格谈判也不顺利"，但"从中亚沿丝绸之路的这条天然气大动脉进口的天然气和沿海进口的 LNG[①] 价格相比仍有竞争力，应能发挥重要作用。"

也许正是基于这样的科学判断和长远考虑，2014 年 9 月 13 日下午，中国—中亚天然气管道 D 线塔吉克斯坦段开工仪式在该国首都杜尚别隆重举行。中国国家主席习近平与塔吉克斯坦总统拉赫蒙共同出席了开工仪式。这条投资总额约 67 亿美元的管道，同样起始于土库曼斯坦，但途经塔吉克斯坦和吉尔吉斯斯坦两国。它与已经建成的 A、B、C 线一道，把中国与中亚五国更加紧密地联结在一起。中国与土库曼斯坦等中亚国家的能源合作，从此形成一个新的格局。中国与中亚国家共建丝绸之路经济带的宏大事业，也将进入一个崭新的发展阶段。

---

① 即液化天然气。

8. 中国—中东欧"一带一路"框架内 合作不断加速*

中东欧地区是冷战后出现并且得到广泛使用的一个地缘政治概念，是冷战后欧洲地缘政治裂变即东欧剧变的结果，包括波兰、捷克、斯洛伐克、匈牙利、保加利亚、罗马尼亚、阿尔巴尼亚、爱沙尼亚、拉脱维亚、立陶宛、塞尔维亚、克罗地亚、斯洛文尼亚、马其顿、波黑、黑山共16个独立主权国家。① 整个中东欧地区，面积120万平方公里左右，人口约为1.2亿。

中东欧16国的国家体量和发展水平差异很大，历史文化传统亦相互有别，但有一点共同之处，这就是东欧剧变前都实行社会主义制度。冷战结束以后，这些国家一直处于社会制度转型期，局势复杂多变的特点非常突出。捷克和斯洛伐克1993年才正式单独立国。前南斯拉夫解体后，克罗地亚、波黑、塞尔维亚等国一度发生残酷的武装冲突和大规模战乱。1999年塞尔维亚与科索沃战争爆发后，以美国为首的北约国家对新南斯拉夫②进行了赤裸裸的武装干涉。有些国家

---

* 本文为作者2016年11月在一次国际研讨会上的发言。

① 冷战结束前，中东欧地区16国中，波罗的海沿岸三国爱沙尼亚、拉脱维亚和立陶宛为原苏联加盟共和国，捷克与斯洛伐克原属于统一的联邦制国家捷克斯洛伐克，塞尔维亚、克罗地亚、斯洛文尼亚、马其顿、波黑、黑山均为统一的南斯拉夫联邦组成部分。波兰、匈牙利、保加利亚、罗马尼亚和阿尔巴尼亚二战以前即已是独立主权国家。

② 新南斯拉夫系指原南斯拉夫解体后成立的南斯拉夫联盟，有时简称为南联盟。

处理对华关系问题上曾经出现严重偏差，个别国家甚至发生过与中国台湾"建交"的闹剧。由于该地区局势动荡不宁，中国与该地区国家的关系走过了较长一段磨合期。

进入 21 世纪后，中东欧地区各国的国内形势和对外关系逐渐稳定下来，经济和社会发展水平总体滞后的状况有了较大改变。上述 16 国中，除塞尔维亚、黑山、马其顿、波黑和阿尔巴尼亚外，其余 11 国陆续成为欧盟成员国。斯洛文尼亚、斯洛伐克、爱沙尼亚和拉脱维亚等国为欧元区成员。绝大多数国家进入了政局相对稳定、经济持续改善的快速发展期。

中国与中东欧各国的关系，这时也相继转入良性互动、平稳发展、健康向前的轨道。中国与中东欧国家的贸易总量由 2001 年的 43 亿美元，猛增为 2011 年的 529 亿美元。年均增长幅度为 27.6%。中国与中东欧的双向投资呈现快速发展之势。中国企业在该地区有投资活动，涉及化工、机械、家电、电信、汽车、新能源、金融、文化、体育、旅游等诸多领域。

中国与中东欧国家关系全面提升始于 2012 年。这一年 4 月，中国政府总理温家宝出访中东欧地区，利用 8 天时间出席了 70 多场活动，广泛会晤了该地区各国领导人和工商界人士，发表了一系列重要讲话，深入宣传中国改革开放政策，阐释和平发展理念，表达中国与中东欧各国全面合作、谋求共同发展的良好意愿。中国—中东欧国家领导人就如何开展并不断扩大、深化相互间友好关系问题，在波兰首都华沙举行了第一次集体会晤。

中国—中东欧（16＋1）合作机制，以华沙会晤为标志，从此正式形成。中国与中东欧国家的次地区合作，开始启动并迅速转入快速通道。中方确认，中国与中东欧的合作是中欧关系中不可分割的组成部分，中国与中东欧国家的合作将在欧盟标准和法律法规框架下开展，这有利于欧盟国家平衡发展和欧洲现代化进程。

2013 年 11 月，李克强总理出席了在罗马尼亚首都布加勒斯特举行的中国—中东欧国家领导人第二次会晤，代表中国政府，为加强中国—中东欧国家合作提出了三大原则和六大领域。这三大原则是：第一，坚持平等相待，互相尊重；第二，坚持互利共赢，共同发展；第三，坚持中欧共进，相向而行。六大领域是：第一，做大做实经贸合作；第二，加快推进互联互通；第三，大力加强绿色合作；第四，积极拓展融资渠道；第五，深挖地方合作潜力；第六，丰富人文交流活动。李克强总理表示，中方愿意与中东欧各国积极组建相关领域的合作联合会，形成聚集和规模效应，让合作更接地气。会议发表了《中国—中东欧国家合作布加勒斯特纲要》。

根据中国—中东欧国家第二次领导人会晤通过的《中国—中东欧国家合作布加勒斯特纲要》，中国—中东欧国家领导人每年都要举行会晤，以梳理合作成果、规划合作方向，各国为此专门设立了国家协调员。2014 年 5 月，中国—中东欧国家合作第三次国家协调员会议举行。11 月，中国—中东欧 "16 + 1" 投资常设秘书处在波兰成立。

2014 年，李克强总理出席了在贝尔格莱德举行的第三次中国—中东欧国家领导人会晤。此次会议的主题是 "新动力、新平台、新引擎"。这时，中国国家主席习近平出访中亚和东南亚时发出的 "一带一路" 倡议，即中国与古代丝绸之路沿线国家共同建设丝绸之路经济带和 21 世纪海上丝绸之路，已经成为中国发展对外关系的重要内容和重大事项，李克强总理在会晤中因此又提出了如下建议：第一，打造中国与中东欧合作新亮点；第二，构建互联互通新走廊；第三，拓展产业合作新空间；第四，搭建投融资协作新框架；第五，扩大人文交流新领域。他特别强调，中国欢迎中东欧国家积极参与建设丝绸之路经济带和 21 世纪海上丝绸之路。

鉴于中国与欧盟此时已建立起相当稳定的战略合作伙伴关系，中国—中东欧关系与中欧关系协调发展对各方而言都非常重要，这次会议发表的《中国—中东欧国家合作贝尔格莱德纲要》特别表示，中国—中东欧国家合作与中欧合作并行不悖。纲要再次确认了平等相待、相互尊重、相互信任的关系准则，确认了习近平主席当年春天访问欧洲时宣布的中欧"四大伙伴关系"，即和平伙伴关系、增长伙伴关系、改革伙伴关系、文明伙伴关系，决定共同为落实《中欧合作2020战略规划》作出贡献。

《中国—中东欧国家合作贝尔格莱德纲要》宣布：支持2015年适时制订《中国—中东欧国家中期合作规划》；欢迎和支持中国—中东欧国家在互联互通领域探索合作的可能性；决定每两年召开一次经贸部长会议；定期召开中国—中东欧国家高级别智库研讨会；成立中国—中东欧国家交通基础设施合作联合会、物流合作联合会、农业合作促进联合会、联合商会执行机构、智库交流与合作中心；举办国际旅游交易会、农业经贸合作论坛、青年政治家论坛、文化合作论坛、教育政策对话。

这时，欧盟内部持续多年的债务危机仍在发酵，南欧乃至西欧地区多数国家经济状况欠佳，但中东欧地区经济总体向好。据2014年底统计，中东欧各国人均GDP为12907美元，总量达到19492.8亿美元，占全球总量的2.0%。中国与中东欧国家的贸易总额超过600亿美元，中国从中东欧国家的进口增长幅度高达38.9%。中方对中东欧国家的投资，从2003年不足1亿美元，增长为50亿美元，中东欧国家对华投资也由同时期的4.2亿美元增加到12亿美元。

中国与中东欧国家务实合作取得重要进展，大大激发了中东欧地区各国参与"一带一路"建设的积极性。2015年4月，中东欧地区经济总量较大、发展水平较高的波兰率先宣布愿意参与中国发起成立的亚投行。6月，中国与匈牙利政府签署了共同推动"一带一路"建设的谅解备忘录。这一年，首届中国—中东欧投资贸易博览会在中国宁波举行。第三届中国—中东欧国家地方领导人会议在中国重庆举办。华为、华信等中国民营企业加大了进军中东欧地区的力度和步伐。重庆、成都、郑州、武汉、义乌、东莞等许多城市纷纷开通经由哈萨克斯坦和俄罗斯进入欧洲的货物班列。立陶宛国有铁路公司与中国招商局集团签署合作文件，决定成立公司共同运营中国、白俄罗斯至立陶宛的铁路运输业务。

2015 年是中国发起的"一带一路"倡议全速推进的一年。当年 11 月 24—25 日，第四次中国—中东欧领导人会议在中国苏州举行。这是中方首次承办中国—中东欧峰会，中方为将中国—中东欧合作，即"16 + 1"合作全面纳入"一带一路"轨道做了大量卓有成效的工作。会议发表了《中国—中东欧国家合作苏州纲要》和《中国—中东欧国家合作中期规划》。规划确认了中国与中东欧国家合作的基本方向和必须坚守的基本原则，同时又一次阐明了中国—中东欧合作与中国—欧盟合作的关系问题，确认《中欧合作 2020 年战略规划》既是指导中欧合作的文件，也是指导中国—中东欧合作的文件，同时也确认了"16 + 1"这一多边合作机制与各种双边合作机制的关系，认定"16 + 1"与各种双边安排是相互补充、相互促进的关系。

对中国和中东欧各国最为重要的是，此次会议和相关文件特别阐明了"16 + 1"机制与"一带一路"的关系，明确表示中东欧国家全部参与"一带一路"规划，并且均为"一带一路"倡议的相关方。会议确认了"16 + 1"国家协调员年会制度，同时也欢迎和支持设在中国外交部的"16 + 1"秘书处继续强化其功能作用，欢迎和赞赏中国外交部作出的设立"中国—东欧国家合作事务特别代表"的决定。

为了使中国与中东欧国家的合作更加广泛、深入、扎实，中国方面还建立成立中国—中东欧国家交通网络建设专家咨询委员会、旅游促进联盟等合作平台，同时决定为中东欧国家设立总额 100 亿美元的专项信贷额度，同时辅以一定比例优惠贷款，用于各国基础设施建设、高新技术产业和绿色经济等领域。此外，中方还表示，要成立中国—中东欧合作基金，推动中国企业在中东欧国家各建一个工业园区。为进一步增进彼此间的人文交流与合作，推动"一带一路"建设中的"民心相通"，中方决定，五年内为中东欧国家提供 5000 个来华学习的奖学金名额，邀请 1000 名学生来华学习汉语，同时派出 1000

名中国学生和学者到中东欧国家学习或进行学术交流。

对于中东欧和欧洲正在酝酿的波罗的海高铁项目建设，中国表现出极大兴趣。此项目起始于爱沙尼亚首都塔林，经拉脱维亚首都里加、立陶宛的考纳斯、波兰首都华沙，直到德国首都柏林，中国如能参与，其经济、政治和社会影响不言自明。为此，李克强总理亲自陪同参加苏州峰会的中东欧国家领导人乘坐苏州赴上海的高铁列车，以中国高铁"推销员"的身份向中东欧国家领导人介绍中国高铁技术与建设成就，一时成为国际社会的美谈。

中国—中东欧国家领导人苏州会晤，为中国大力推动"一带一路"在中东欧地区落地提供了重要机遇。中方利用这个机会，倡议成立金融公司以解决中东欧项目的资金问题，得到普遍响应。各国领导人同意研究设立30亿美元投资基金问题。中方安排与会中东欧国家领导人乘坐高铁以展示自己的技术和实力，收到了预期效果。会议期间签订的一份很有影响的文件，就是中国与匈牙利、塞尔维亚三国签署的在匈塞两国首都之间修建高速铁路即匈塞铁路的协议。

中国—中东欧苏州会议更加详细地勾画了中国与中东欧国家拓展经济、金融和投资合作的新蓝图。在欧盟受到金融危机冲击，经济复苏乏力、相互合作难度增大、难民问题令各方焦头烂额、英国脱离欧盟的可能性明显增大的背景下，中国不断加大与中东欧国家合作的力度，其政治影响是重大而深远的。

习近平主席作为中国国家元首，不但是"一带一路"倡议的发起者，同时也是积极推动者。这在中国与中东欧国家关系方面，也表现得十分突出。譬如，2015年11月波兰总统来华访问时，他与波兰总统达成共识，要进一步推动两国战略伙伴关系，并提高政治互信水平。此外，习近平主席提议，双方要夯实务实合作基础，加快"一带一路"倡议同波兰国家发展战略对接。双方可进一步探讨以波兰为枢纽，规划打造新的物流线，建设辐射中东欧的物流中心等。波兰总统当即表示，波兰愿意在"一带一路"建设合作中发挥重要作用，愿意积极地参与亚投行的工作。

2016 年 3 月，习近平主席访问了捷克共和国，这是两国建交以来中国国家元首首次踏上捷克国土。访捷期间，双方领导人就中捷关系和共同感兴趣的国际问题交换意见时，习近平主席就双方在 "一带一路" 框架下开展合作进行了深入探讨，对包括民营企业在内的中方企业不断加大对捷克投资、捷克对华合作热情高涨表示充分肯定。时隔不久，习近平主席 6 月再赴东欧，这次访问的是塞尔维亚和波兰。他对塞尔维亚的访问，是中国国家元首时隔 32 年后对该国的首次访问。访问期间，习近平主席参观了中国河北钢铁公司斥资 4600 万欧元收购的塞尔维亚唯一钢铁企业，出席了见证中欧货物班列首次驶达波兰首都华沙的相关仪式，极大地鼓舞了中国企业进军中东欧国家的意志和决心，也激发了当地政府和企业与中国开展 "一带一路" 建设合作的意愿和信心。

2015 年，中国—中东欧国家的贸易总额达到 562 亿美元，中国各省区市与中东欧除爱沙尼亚外 15 国结成的友好城市或省市州已增加到 155 对。面对日益坚实的中东欧合作基础和更加旺盛的合作需求，习近平主席 2015 年在北京集体会见前来参加中国—中东欧国家领导人苏州峰会的领导人。他特别强调，中国—中东欧下一步合作，一是实现 "16 + 1 合作" 同中国的 "一带一路" 建设充分对接；二是 "16 + 1 合作" 与中欧全面战略伙伴关系全面对接；三是 "16 + 1 合作" 与各国自身的发展战略对接。这次会见后，波兰、塞尔维亚、捷克、保加利亚、斯洛文尼亚五国分别与中国方面签署了政府间共推 "一带一路" 建设的谅解备忘录。

2016 年 11 月 5 日，中国—中东欧国家领导人第五次会晤在波罗的海沿岸城市里加举行。中国和中东欧国家领导人围绕 "互联、创新、相融、共济" 的会议主题，就扩大和深化中国与中东欧国家合作问题进一步交换了意见。会议高度评价中国与中东欧国家几年来的合作进程及其成果，充分肯定《中国—中东欧国家合作中期规划》和

《中国—中东欧国家合作苏州纲要》的落实情况，确认"16＋1合作"已经进入成熟期和收获期，愿意共同努力构建持久充实高效的"16＋1合作"，打造开放包容、互利共赢的伙伴关系，通过中欧互联互通等渠道对接"16＋1合作"和中欧全面战略伙伴关系。

会议通过的《中国—中东欧国家合作里加纲要》确认，欧亚大陆的互联互通具有丰富内涵和重要影响，表示愿意将中国的"一带一路"倡议和欧盟的"泛欧交通网络"倡议对接起来，加强多边双边合作，推进欧亚大陆交通走廊一体化，推进中欧班列发展建设，促进货物双向流动，在中东欧各国及整个亚欧大陆桥沿线建设多种模式物流中心。纲要同时表示，支持塞尔维亚牵头成立中国—中东欧交通基础设施建设联合委员会，欢迎在拉脱维亚里加成立中国—中东欧国家物流合作联合委员会秘书处。

根据里加纲要，中国将在已经开通上海—布拉格、成都—布拉格、北京—华沙航线的基础上，开辟更多的中国—中东欧航班，探讨在捷克召开中国—中东欧民用航空论坛；将在波罗的海、亚得里亚海和黑海三个地区推动中国—中东欧国家"三海港区合作"；中国丝路基金和金融机构将为中东欧合作提供资金支持；中国—中东欧投资合作基金（二期）完成并投入运营；中国还将倡导并推动中国—中东欧国家银行联合体。

根据这份纲要，波兰将建立中国—中东欧海事秘书处，中方将推动建设临港产业园区以及与港口相关的铁路、公路、航运、物流中心等基础；罗马尼亚将建立中国—中东欧能源项目对话合作中心；斯洛伐克将成立中国—中东欧技术转移中心，并牵头成立林业合作协调机制。中国和中东欧国家将分别举办或承办高校联合会会议、省州长会议、地方领导人会议、首都市长会议、文化节和文化遗产论坛，以及高级别旅游合作会议、青年政治家论坛、文学论坛、"未来之桥"青年研修交流营等活动。

如今，经过双方努力，中国—中东欧国家合作，已经成为"一带一路"建设总体布局中的重要板块。我们相信，在中方和中东欧各国共同努力下，习近平主席 2015 年 11 月对中东欧国家领导人所说的三个层面的对接将得到全面落实。中国—中东欧合作在 "一带一路" 框架内顺利推进，走深走实，将成为带动南南合作并示范南北合作的成功范例。

9. 中国与太平洋岛国互利合作前景广阔*

　　烟波浩渺的南太平洋上，星罗棋布地分布着 16 个主权独立国家和十几个尚属美、英、法等国管辖的地区。在这 16 个国家中，澳大利亚、新西兰是公认的发达国家，属于国际关系和地缘政治学中的西方世界，属于发达资本主义国家的范畴。被称为太平洋岛国的其余 14 个国家和美、英、法属地区，均处于经济社会欠发达状态。目前，在这 14 个太平洋岛国中，中国与巴布亚新几内亚、斐济、密克罗尼西亚、纽埃、萨摩亚、汤加、瓦努阿图、库克群岛、所罗门群岛共 9 个国家保持着外交关系。其余 5 国，即基里巴斯、瑙鲁、帕劳、图瓦卢、马绍尔群岛，为台湾的所谓"邦交国"。①

　　南太平洋地区是中国实行大周边战略、全面营造和平发展的外部环境的睦邻拓展区，也是反对"台独"势力、为争取国家统一而进行外交斗争的重要博弈区。因此，进入 21 世纪以来，中国不断加大对南太平洋地区，其中包括太平洋岛国的关注力度和外交投入。除了全

---

　　* 本文系 2017 年 3 月作者在山东聊城大学举办的太平洋岛问题研讨会上的讲话。

　　① 基里巴斯 1980 年曾与中国建交，2003 年大选后宣布与台湾"建交"。中方随即宣布中止与基里巴斯的外交关系。瑙鲁 2002 年与中国建交，2005 年与台湾"复交"后，中方宣布中止与瑙鲁的外交关系。马绍尔群岛 1990 年亦曾与中国建交，1998 年与台湾"建交"，中国随即中止与马绍尔群岛的外交关系。2019 年 9 月，所罗门群岛与中国建交，并宣布断绝与台湾的"外交关系"。

面发展和深化与建交国的友好交往与互利合作外，对未建交国也保持着一定形式的民间往来，适度开展一般性经贸关系，并择机开展必要的人文交流与互动。

2013 年 9—10 月间，习近平主席出访中亚和东南亚时，向中国周边地区各国发出了创新区域合作模式，共同建设丝绸之路经济带和 21 世纪海上丝绸之路，即"一带一路"的倡议，得到了国际社会的普遍赞同和响应。太平洋岛国虽然不是传统概念中的丝绸之路沿线国家，但与我国同属太平洋地区，共处于经济联系日益紧密、发展利益相互交融、安全利益彼此交织的地缘政治环境中。因此，包括 14 个岛国在内的南太平洋地区，又是我国引导新一轮经济全球化均衡发展，在更大区域推进"一带一路"的自然延伸区。

中国与太平洋岛国相互沟通、交流与合作的机制很多。1971 年成立的太平洋岛国论坛，目前已成为中国与太平洋岛国开展多边对话、提升务实合作水平的一个重要平台。该论坛最初称南太平洋论坛，1972 年建立的常设机构，当时称作南太平洋合作局，1988 年更名为南太平洋论坛秘书处。2000 年，南太平洋论坛改为现名，即太平洋岛国论坛。

太平洋岛国论坛成立的初衷，在于加强成员组织之间的经贸关系，在旅游、电信、教育等各领域开展交流，而后逐渐发展为经济、政治、安全、政策等各领域全面合作的区域性组织。论坛成员由最初的澳大利亚、新西兰、斐济等七个国家，扩大到南太地区所有 16 个国家。① 另外还有若干联系成员、观察员和特别观察员。论坛的主要机制是每年一次在成员国轮流举行的首脑会议。

中国自 1988 年起开始参与太平洋岛国论坛活动。1989 年，太平洋岛国论坛决定邀请中、美、英、法、日和加拿大等国家出席论坛首脑会议后的对话会，该论坛本身也从此成为当年成立的亚太经合组织

---

① 2006 年，斐济因国内发生军事政变，被中止成员资格。

观察员。1994 年，太平洋岛国论坛成为联合国观察员。1991 年至 2007 年间，该论坛又先后接纳了欧盟以及韩国、意大利等多国为对话伙伴国。2014 年，土耳其、西班牙成为该论坛观察员。目前，该论坛对话伙伴共有 16 个。自 1997 年起，该论坛每年在首脑会议举行之前都要召开经济部长会议。自 1999 年起，首脑会议召开之前又增加了贸易部长会议。自 2016 年起，该论坛决定每年首脑会议前还要再召开一次外长会议。

中国自 1990 年起，连续派政府代表参加该论坛首脑会议后的对话会。通过这种机制性安排，中国不断加强同该论坛及其成员的接触与合作。2000 年，中国政府捐资设立了中国—论坛合作基金，用以促进双方在贸易投资等领域的合作。该项基金设立后，中方先后出资资助了论坛驻华贸易代表处、投资局长年会、论坛秘书处信息存储系统更新、论坛进口管理等项目。2001 年，太平洋岛国论坛驻华贸易代表处正式挂牌运行。

2003 年，中方就加强中国与论坛的关系提出了一系列具休的建议。2006 年，中国—太平洋岛国经济发展合作论坛首届部长级会议在斐济首都苏瓦举行，中国政府总理温家宝出席了开幕式。中国政府首脑首次出席论坛活动，在太平洋岛国产生了广泛影响。中国与太平洋岛国的务实合作关系，进入新的发展阶段。2008 年，中国—太平洋岛国经济发展合作论坛投资、贸易、旅游部长级会议在中国厦门成功召开，中国与太平洋岛国的合作势头进一步增大。

2010 年，在该论坛第 22 届首脑会后举行的对话会上，中国政府代表阐述了中方对太平洋岛国的政策，宣布了中国支持岛国经济社会发展的新措施，重申了中国帮助岛国应对国际金融危机和气候变化的积极态度与政策主张。与此同时，中方也呼吁国际社会为岛国提供更多的关注和支持。

2011 年，中国政府代表在第 23 届论坛会后对话会上重申，中国政府将继续与论坛成员国及其他对话伙伴协调与合作，为促进岛国地区稳定、发展与繁荣作出不懈努力。在与论坛合作的过程中，中国提出的"相互尊重、平等互利、彼此开放、共同繁荣、协商一致"原则，作为中国与包括南太诸国在内的所有亚太国家开展友好合作的根本方针，受到论坛各方的赞赏和支持。为加强双方的互惠活动，自2012年起，太平洋论坛驻华代表处更名为太平洋岛国贸易与投资专员署。2013年11月。第二届中国—太平洋岛国经济发展合作论坛在中国广州举行。巴布亚新几内亚总理、密克罗尼西亚联邦总统、汤加首相等岛国领导人与会。中国国务院副总理汪洋出席了论坛开幕式。论坛期间，中国宣布给予岛国中最不发达国家95%的出口商品零关税待遇，鼓励和支持岛国搭乘中国经济发展的快车。

在太平洋岛国论坛框架下，中国外交部和其他有关部门自2004年起，先后为岛国兴办了多期高级外交官培训班。来自八个已与中国建交的国家的外交官和论坛秘书处官员，分期分批地参加了培训。2013年9月和2014年11月，中国外交部先后邀请两批岛国新闻代表团来华进行参观采访活动。2011年至2015年间，中共中央对外联络部先后在北京、上海等地为太平洋岛国举办了五期政治家联合考察和培训活动。

2014年，习近平主席访问了澳大利亚、新西兰和斐济三国。此次访问旨在进一步提升中国与澳大利亚、新西兰的合作水平，实质性地结束中澳两国的自由贸易协定谈判，确认中新两国关系为全面战略伙伴关系。

习近平主席此次对南太国家的访问，对中国进一步拓展与太平洋岛国的关系，具有特别重大的意义。由于这次访问，中方大幅度地提升了与斐济的传统友谊与互利合作。中国与斐济2006年即已建立起"中斐重要战略伙伴关系"。2006年，当斐济国内政局生变，包括澳大利亚、新西兰在内的所有发达国家宣布对斐济进行制裁，斐济被太平洋岛国论坛中止了成员资格。在这种情况下，中方在政治上、经济上给予斐济巨大援助，帮助斐济度过独立以来未曾有过的困难时期。

　　中斐关系堪称中国与太平洋岛国相互尊重、平等相待、真诚合作的楷模。到 2013 年时，斐济已是中国在南太平洋地区建交国中的第三大贸易伙伴、第二大进口来源地和第三大出口市场，也是中国在该地区的第二投资国。据统计，2013 年中斐贸易额为 3 亿美元。中国对斐直接投资，到 2014 年 9 月底统计，累计为 2.2 亿美元。中国企业在斐济累计的承包工程合同额达 6.4 亿美元，实际完成额为 9.2 亿美元。

　　习近平主席对斐济的访问，意义深远。访斐期间，除了与斐济领导人就双边关系和共同关心的地区和国际问题交换意见外，习近平主席还与包括巴布亚新几内亚总理奥尼尔、瓦努阿图总理纳图曼、汤加首相图伊瓦卡诺等八位与中国建有外交关系的岛国领导人举行了集体会晤。习近平主席在主持会议并发表主旨讲话时，阐述了新形势下中国深化同太平洋岛国关系的新思路新举措，重申中国是太平洋岛国的真诚朋友和合作伙伴。

　　习近平主席指出，中国和太平洋岛国虽然相距遥远，但双方人民有着天然的亲近感，友好交往源远流长。当前中国和太平洋岛国传统友好更加牢固，共同利益不断拓展，合作前景日益广阔，双方关系面临乘势而上的良好机遇。他特别指出，中国对发展同太平洋岛国关系的重视只会加强不会削弱，投入只会增加不会减少。为此，习近平主席建议双方：第一，建立相互尊重、共同发展的战略伙伴关系；第二，加强高层交往，共同为双方关系做好战略规划和顶层设计；第三，深化务实合作，分享发展经验和成果；第四，扩大人文交流；第五，加强多边协调。

　　习近平主席在讲话中还表示，中国愿同岛国深化经贸、农渔业、海洋、能源资源、基础设施建设等领域合作，并且要为最不发达的岛国 97% 税目的输华商品提供零关税待遇。中国继续支持岛国重大生产项目以及基础设施和民生工程建设。未来 5 年，中国将为岛国提供 2000 个奖学金和 5000 个各类研修培训名额。继续派遣医疗队到有关岛国工作，鼓励更多中国游客赴岛国旅游。

此外，中方还愿同各岛国一起，就全球治理、扶贫减灾、粮食安全、能源安全、人道援助等问题加强沟通，维护双方和发展中国家共同利益。中方将在南南合作框架下为岛国应对气候变化提供支持，向岛国提供节能环保物资和可再生能源设备，开展地震海啸预警、海平面监测等合作。中方将继续积极参与太平洋岛国论坛、太平洋岛国发展论坛等合作机制，支持岛国联合自强、互帮互助、维护地区稳定和繁荣的努力。

习近平主席与南太地区建交国领导人的集体会晤，是继第二届中国—太平洋岛国经济发展合作论坛后，中国与南太岛国举行的最高级别、最富成果的多边对话，这也是中国与太平洋岛国关系史上的第一次。会晤举行后，中国与各太平洋岛国的双边关系，得到更快发展。例如，中国与斐济的友好交往与互利合作关系更加密切。2015 年，中国多个高级代表团往访斐济。两国的贸易额比上年了增加 2%，总量达 3.47 亿美元。双方互免签证的谅解备忘录，亦于当年 3 月正式生效。2016 年，双方各领域务实合作步伐加快。由中方提供资金、中国企业承建的基础设施项目，进展良好。一些有实力的民营资本和企业，也陆续进入斐济市场。在首都苏瓦和南楠等地，"把中国效率与斐济时间结合起来"，已经成了当地人尽皆知的流行口号。2017 年，斐济正式加入中国主导创立的亚洲基础设施投资银行，成为中国在南太地区推进"一带一路"建设的重要伙伴。中斐关系堪称中国与太平洋岛国平等相待、真诚合作、共建利益共同体、发展共同体和命运共同体的楷模。

中国与太平洋地区的最大岛国巴布亚新几内亚的关系近年来也有了更大发展。2014 年 11 月，巴布亚新几亚总理奥尼尔来华参加了第 22 次亚太经合组织领导人非正式会议。2015 年 9 月，奥尼尔又来华出席了中国人民抗日战争暨世界反法西斯战争胜利 70 周年纪念活动，在南太地区产生了积极反响。据中国海关统计，中国与巴新的经贸关系近年来有较快发展。双方贸易额到 2015 年时已近 28 亿美元，比上年增长了 36.3%。

南太平洋地区另一个很有影响的国家瓦努阿图，与中国的关系也在持续而广泛地向纵深发展。该国人口不足 30 万，政党如林，党争复杂而激烈，政府更迭十分频繁，但无论哪个政党执掌政府，对华友好的基本方针已多年稳定不变，各政党与中国共产党的友好交往机制运行良好。2015 年 9 月，时任总理基尔曼来华参加了中国人民抗日战争暨世界反法西斯战争胜利 70 周年纪念活动。中国对瓦努阿图的政治支持和经济技术援助，包括军事交往和人文合作，仍一如既往地顺利进行。

进入 2017 年，国际形势变幻莫测的特点更加突出，人类社会的发展问题、安全问题也格外令人瞩目。受中美关系、中国与澳新关系等多种因素影响，包括台湾问题的影响，中国与南太岛国的关系既有新的发展和机遇，也会出现新的情况和变化，但中国与太平洋岛国业已形成的多领域、全方位、深层次的友好交往与务实合作，基础坚实、前景广阔，有望继续保持全面稳定、持续向前的大方向。中国与那些目前没有外交关系的国家，有可能实现关系正常化，甚至可能在政治、经济、人文等各领域，实现突破性的交流、对话与合作。

专题篇：拓展文明共生之路

1. 互联互通是融合发展与共同
繁荣的现实选择[*]

互联互通本是通信领域的专业用语，指的是电信运营网络中不同设备或设施间的物理链路。近些年来，随着经济全球化不断向前发展，各国各地区之间的联系与交往愈加紧密，互联互通被赋予许多新的含义，成为一个使用频率极高、涵盖范围极广的政治经济学术语，主要是指各种基础设施，特别是交通网络的相互连接，有时也被用于政治、安全、文化等领域，泛指政策理念的相互沟通和体制机制的彼此对接。

一、互联互通是深化区域一体化与经济全球化的客观需要

互联互通并非近年产生的新概念，也并非中国人独创。2003 年，东盟各国决定加快区域一体化步伐，提出了打造共同体的愿景与路径，随后便开始密集讨论彼此间的互联互通问题。2009 年，东盟正式发表开展互联互通建设的联合声明，次年通过了包含 700 多项工程，拟以多元投资方式全面推进的互联互通总体规划。2012 年，该规划得以细化，东盟域内的海陆空交通网络化建设全面展开。2016年，《东盟互联互通总体规划 2025》正式出台。实现这一规划，未来的东盟不仅会成为更加紧密的统一整体，同时还将普遍提升成员国增长后劲，提升整个东盟与中日韩等国开展合作的潜能，从而拉动整个东亚地区的经济发展。

---

* 本文发表于《北方经济》杂志 2018 年第 5 期。

在非洲，基础设施建设长期滞后，各国间彼此隔绝的问题非常突出，许多资源禀赋很高的国家无法获得发展优势。基础设施互联互通，即跨区域基础设施建设，因而成了非洲的热门话题。非洲统一组织 20 世纪 70 年代制订的"泛非高速公路网"计划，非洲铁路联盟 2004 年提出的"十大铁路通道"计划，非洲联盟 2005 年通过的"非洲行动计划"，特别是 2012 年非盟首脑会议通过的"非洲基础设施发展规划"，为非洲规划了数十条跨区域"交通走廊"，成为非洲当前开展互联互通建设的指导性文件。

欧盟作为一体化程度相对较高的区域经济共同体，实际上也存在着成员国基础设施建设水平不一，互联互通不能满足共同发展需要的问题。近年来，欧盟内部对此进行了深入讨论。前几年出台的容克投资计划和欧盟 2025 战略，都涉及上述问题。为此，欧盟还专门开展了泛欧交通运输网络建设，目的就是加强各成员国之间，尤其是经济欠发达的边缘区国家的设施联接，拉紧欧盟的政治经济纽带，以防欧盟分化弱化。2005 年召开的第五次欧盟—非洲峰会还郑重宣布：欧非之间要加强合作，通过欧盟/非洲发展新伙伴计划，帮助非洲实现基础设施互联互通。

可见，与基础设施建设密切相关的互联互通，早已成为事关各国自身发展、事关区域一体化、事关经济全球化的重大议题。联合国等国际组织和论坛，已就此问题进行了广泛讨论。2016 年 2 月在上海召开的二十国集团央行行长和财长会议曾确认，加强互联互通对于最大限度发挥国别基础设施的正面溢出效应并创造更多投资机会，具有重要作用。会议宣布启动全球基础设施互联互通联盟倡议，增强基础设施计划之间的合作与协调。

当然，也有些国家和地区，基础设施建设滞后，缺乏互联互通的意愿，但最近几年情况有变。譬如中国的西部邻国哈萨克斯坦，交通系统现代化改造已全面展开，近 10 年间建设投资约 300 亿美元。北方邻国俄罗斯，计划 2025 年前斥巨资解决铁路运输"瓶颈"，甚至准备铺设通往欧洲腹地的客货两用高铁和轻轨，以适应中国开通中欧班列后的货运需求。这些情况说明，超越社会制度和发展水平差异，共同开展基础设施建设，实现国与国以及地区与地区的互联互通，作为加快区域一体化并推动经济全球化健康发展的理性选择，已经被国际社会普遍认可和接受。

二、中国为世界各国基础设施互联互通作出重要贡献

中国是一个处于发展中状态同时又肩负重大国际责任的国家。这一历史定位决定了中国始终高举多边主义外交旗帜，积极推动建立开放型世界经济。近些年来，中国不但自身基础设施建设规模宏大，成就显著，同时还为周边各国，为世界其他地区的基础设施建设投入了巨量的人力物力和财力。

中国与东盟早就建立起战略合作伙伴关系，双方多次强调，互联互通是合作的优先领域和重点方向。2002 年建立的交通部长会议机制，成为双方开展基础设施和互联互通合作的有效平台之一。2013年 10 月，中方有关部门曾向东盟发出了深化互联互通合作的具体建议，主要内容是：第一，为互联互通合作搭建政府主导、企业参与的沟通协调机制；第二，推动成立由亚洲人管理并为亚洲服务的投融资平台，以支持本地区基础设施互联互通建设；第三，做好中国交通运输发展规划与东盟互联互通总体规划衔接工作，推动建立双方基础设施一体化网络体系，提高互联互通基础设施服务保障水平；第四，加强政策引导和产业带动，鼓励有实力的企业直接参与互联互通项目投资、建设和营运；第五，加快实施东盟的重点港口项目，加大双方航空协定拓展力度，把海空合作打造成双方合作新亮点；第六，同等重视中国与东盟之间以及东盟成员国之间的内部联通，进一步增强本地区交通基础设施网络的联通性。

在中亚地区，中国大力推进与哈萨克斯坦、吉尔吉斯斯坦和塔吉克斯坦三个接壤国的互联互通，成就显著。中哈之间已开通两个铁路

口岸。始发于中国的中欧班列，大部分是通过哈萨克斯坦进入欧洲腹地的。此外，中国与哈、吉、塔三国共开通了 8 个陆路口岸，各方人员交流与货物运输总体上保持了通畅和便捷。中国与中亚所有国家实现了全方位航运合作，油气管道建设和运营态势良好，前景可观，哈萨克斯坦石油和土库曼斯坦天然气，通过中哈石油管道和中国—中亚天然气管道，源源不断地输往中国。各国通过基础设施建设合作，获得了实实在在的好处，也增强了互联互通合作的意愿。习近平主席2013 年之所以在中亚发出共建丝绸之路经济带的倡议，就是因为中国与中亚各国在建设基础设施、推进互联互通方面已经积累了足够的成就和经验。

非洲大陆是世界上发展中国家最集中的地区。基于中非传统友谊，同时也基于双方现实需要，中国积极参与非洲基础设施建设，全力推动互联互通。十多年前中方两次为非洲提供总额 150 亿美元优惠贷款，90% 用于基础设施建设。截至 2013 年底，中国企业在非洲累计签订承包工程合同额近 4000 亿美元，为非洲铺设铁路超过 2200 公里，修筑公路超过 3500 公里。2013 年 3 月习近平主席访问南非时曾明确表示：金砖国家一方面要加强相互间基础设施建设合作，实现互联互通；另一方面应把共同推动非洲基础设施建设作为国际发展合作优先领域，共同参与非洲跨国大项目建设。为了表达中国在南南合作框架内向非洲基础设施领域倾斜的坚定决心，习近平主席当时还宣布：中方愿同非洲国家建立跨国跨区域基础设施建设合作伙伴关系；帮助非洲开展互联互通及资源普查的咨询规划、可行性研究和方案设计等前期工作；每年为非洲培训培养 300 名基础设施领域各类管理和技术人员；通过投融资、援助、合作等多种方式鼓励中国企业和金融机构参与非洲跨国跨区域基础设施建设和运营管理。据统计，2000—2015 年间，非洲国家共向中国融资 940 亿美元左右，主要用于机场、铁路、公路、港口等基础设施建设。

中国不仅在周边国家和非洲地区，同时也在全球范围内倡导并积极参与基础设施建设，推动互联互通。2013 年 10 月，习近平主席在亚太经合组织印尼巴厘岛峰会上提出，亚太经合组织要顺应潮流，做好互联互通这篇大文章，构建覆盖太平洋两岸的亚太互联互通格局，以此带动建设各次区域经济走廊，进而打造亚太大市场，保障本地区生产要素自由流通；要打通制约互联互通建设的瓶颈，建立政府、私营部门、国际机构广泛参与的投融资伙伴关系；要在区域和国际合作框架内推进互联互通和基础设施建设；要用互联互通促进亚太地区人民在经贸、金融、教育、科学、文化等各领域建立更紧密联系，加深彼此了解和信任。正是在中国的倡导和推动下，会议通过了《互联互通框架文件》和基础设施投资建设若干年计划。2014 年亚太经合组织北京峰会期间，习近平主席进一步阐述了亚太地区经济发展与解决互联互通建设瓶颈的问题。由于中国强力推动和有效工作，本次峰会不但提出了亚太经合组织成员互联互通蓝图，同时还规划了各方未来10 年在软件、硬件和人文交流方面所要达到的目标，解决了基础设施建设所涉及的融资机制、跨境教育、人员往来、规制建设等软联通问题。

三、互联互通始终是"一带一路"建设的核心内容

"一带一路"倡议于 2013 年 9—10 月间正式提出。习近平主席有关"一带一路"的两篇重要讲演，将作为推动全球基础设施建设、倡导更大规模的互联互通宣言书而载入史册。2013 年 9 月，习近平主席在哈萨克斯坦纳扎尔巴耶夫大学演讲时提出，为了使欧亚各国经济联系更加紧密、相互合作更加深入、发展空间更加广阔，可以用创新合作的模式，共同建设"丝绸之路经济带"；中国愿同各方积极探讨完善跨境交通基础设施，逐步形成连接东亚、西亚、南亚的交通运输网络，为各国经济发展和人员往来提供便利。根据他的这一战略构想，2015 年 3 月国务院授权有关部委发布白皮书，提出了打造"六大经济走廊"的工作方向和目标。自此，广泛参与基础设施建设，大力推

进互联互通，密切中国与外部世界的关系，成为落实"一带一路"倡议的核心任务。

从推进基础设施建设、实现全面互联互通的角度看，中国—中亚—西亚经济走廊建设任务艰巨而繁重。因为这条经济走廊涉及国家最多，空间距离最大，工程项目最杂，国与国之间以及本地区与外部世界之间的关系也最为复杂。有些国家长期动荡，有些国家战乱不宁。但可喜的是，目前中国与伊朗、土耳其、沙特阿拉伯等地区大国在基础设施建设领域合作不错，成果不少，各方合作意愿不断增强。该地区一些重要能源输出国一方面成为中国可靠的能源合作伙伴，另一方面希望中国更积极地参与其基础设施建设和互联互通合作。中方任重而道远。

从"一带一路"示范作用和项目本身的战略意义上看，始于中国新疆喀什，终于巴基斯坦瓜达尔港的中巴经济走廊前景最好。这条全长3000余公里的经济走廊，不仅包括铁路、公路、光缆和油气管道等交通运输设施，同时还包括电站、物流中心、工业园区等生产型和生活服务型基础设施。目前，中方对这条经济走廊项目的支持力度还在进一步增大，投资规模已经超过620亿美元。我们的目的是要将中国与南亚两大经济区尽快连接在一起。

从政治影响和发展潜力上看，中蒙俄经济走廊因三国共同制定建设规划纲要①而备受瞩目。根据这份纲要，三国发展战略将广泛对接，发展利益深度交融。目前，中蒙俄之间不但有多条铁路、公路、航线相通，中俄之间还修建了石油管道、天然气管道，界河大桥建设也在加紧进行。河运、海运和空运的规模在不断扩大。三国规划和正在实施的基础设施项目很多也很大，如能顺利实施，有望在高水平互联互通基础上，形成相互依存的发展共同体和安全共同体。

从互联互通的受益面和普惠程度上看，中国—中南半岛经济走廊

---

①　指《建设中蒙俄经济走廊规划纲要》。

建设的规模和成就可圈可点。该走廊以中国云南、广西为前沿，经越南、老挝、缅甸三国进入东南亚，势头迅猛而强劲。中方企业在相关国家从事公路铁路建设、工业园区建设、管道及配套设施建设，如火如荼。作为大湄公河次区域经济合作参与方，中国与各方商讨区域包容性和可持续发展问题，达成许多合作协议。南方各省区与越南共谋"两廊一圈"发展大计，亦有突破性进展。2017年《中国—东盟关于进一步深化基础设施互联互通合作的联合声明》发表，标志着这条经济走廊建设的条件更加成熟，要做的项目和工程难以计数。

新亚欧大陆桥经济走廊建设，应当说任务主要在国内。随着2011年重庆经新疆驶向欧洲的渝新欧班列开通，这条连接亚欧地区两大经济圈、沟通太平洋和大西洋的"钢铁运输走廊"，从此活力四射。中欧班列品牌标志、全程价格、运输组织、服务标准、经营团队、协调平台"六统一"问题提上日程。围绕这条国际联运大通道而开建的基础设施和各种工贸园区，令人目不暇接。关于这条经济走廊如何对接中国—中亚—西亚、中蒙俄两大经济走廊，如何形成相互策应协同发展大格局，还有待深入研究、认真规划。

近年来，在中国—新加坡互联互通示范项目框架下，以重庆为运营中心，以西南西北相关省区为关键节点，综合利用铁路、公路、水运、航空等多种运输方式，打造连接中国西部与东南亚的南向通道，引起国内外各方广泛关注。花大气力做好顶层设计和实施规划，扎扎实实地推进南向通道建设，打造又一个对外开放的经济走廊，不仅可以开启中国走向世界与世界走向中国的新路径，同时也有助于西部各省区加快自身基础设施建设，完善相互之间，特别是与东部地区的互联互通，更好地形成陆海内外联动、东西双向互济的开放格局。

"一带一路"经济走廊建设中问题最多、难度最大、进展迟滞的当属孟中印缅经济走廊。2013年5月"一带一路"倡议发出之前，中方即已提出共同建设孟中印缅经济走廊的动议，此后不久，孟中印缅联合工作组曾在昆明开会，讨论四国间基础设施建设、相互投资、商务合作、经贸关系、人文交流等问题。但因相关国家政治互信度低，这条经济走廊的建设尚未有实质进展。在这种情况下，继续加大外交工作力度，适时启动中缅经济走廊建设，同时将中巴经济走廊引入阿富汗，或可起到另辟蹊径的特殊效应。

四、要充分认识境外基础设施建设与互联互通的复杂性

"一带一路"倡议源于中国，但共建"一带一路"，通过基础设施互联互通走向融合发展与共同繁荣的事业，属于全世界。

在亚洲，据亚洲银行估计，2030年以前每年需要1.7万亿美元用于基础设施建设。在非洲，2000—2014年中国总共提供了860多亿美元贷款，2015年又承诺提供600亿美元，这些贷款主要用于基础设施建设和互联互通。另据非盟2012—2020年非洲基础设施发展计划，未来非洲基础设施建设预计投资679亿美元。在拉美，2018年1月召开的中国—拉共体论坛第二届部长级会议对"一带一路"向该地区延伸表示赞赏，开启了中拉大规模基础设施建设合作的新篇章。在欧洲，2013年，欧盟内部通过"连接欧洲设施"计划，决定2020年前投资293亿欧元，用以加强欧盟国家在交通、能源和电信等领域基础设施的互联互通。中东欧16个国家中有13国与中方签署了"一带一路"合作文件。就连疑虑重重的欧盟，也准备斥巨资在中东欧开展基础设施建设，并且和中方签署了关于建设互联互通平台的谅解备忘录，意在加强中国"一带一路"倡议与欧盟互联互通计划之间的协同合作。

大量信息表明，与基础设施建设紧密相关的互联互通，作为"一带一路"建设重要组成部分，成就令人振奋；正在规划和即将实施的项目与工程，前景可期。"一带一路"大有可为，互联互通大有可为，中国企业大有可为！与此同时，我们还必须清醒地认识到，无论在周边地区还是在其他地方，开展基础设施建设和互联互通合作，都是长期而复杂的系统工程。

对此，习近平主席 2014 年 11 月即已在加强互联互通伙伴关系对话会上指明：互联互通包括基础设施、制度规章、人员交流三个层次，三个层次要"三位一体"。2017 年 5 月，他又在"一带一路"国际合作高峰论坛上指出：基础设施建设是合作发展的基础，要着力推动陆上、海上、天上、网上"四位一体"的联通，聚集关键通道、关键城市、关键项目，联结陆上公路、铁路道路网络和海上港口网络。

"一带一路"国际合作的丰富经验揭示我们，互联互通的"三位一体"与基础设施建设的"四位一体"，并不单纯是经济、金融、技术、标准之类的发展问题，同时也涉及国家发展战略、对外关系理念，涉及国家主权、安全、环境、文化社会心理等诸多问题。推进基础设施建设、开展互联互通合作，特别是我国跨境基础设施建设和周边互联互通合作，必须以高水平的政策沟通为引导，以坚实可靠的资金融通为保障，以诚实可信的民心相通为依托，以充分便捷的贸易畅通为目标。脱离政策沟通、贸易畅通、资金融通和民心相通的综合考量与整体布局，以单打独斗方式开展境外的或跨境的基础设施建设，参与互联互通项目合作，是不可取的，甚至是危险的。

此外，我们还必须清醒地认识到，国际关系中的不稳定不和谐不确定因素很多，国际合作中的不可测性亦将长期存在，有时还会相当突出。当前，区域一体化和经济全球化在艰难曲折中继续向前发展，但反一体化、反全球化倾向伴随着极端民族主义、粗陋的民粹主义、贸易和投资中的保守主义逆势来袭。特别是特朗普政府打着"美国优先"的旗帜，大行单边主义，不惜以贸易战方式挑战全球经贸关系和秩序，给我们继续推进"一带一路"国际合作，继续参与全球基础设施建设，推动互联互通进程带来许多风险和挑战。对此，我们也要有足够的认识和准备。对于个别国家因政权更替而造成的合作意愿变化风险、我国企业因与合作伙伴国拒绝主权担保而面临的金融风险、恐怖袭击和恶性犯罪对我国走出去企业构成的安全风险等，都要有所防范和准备。

2. "一带一路"的南向通道 建设亟待加强[*]

中国与周边国家共建丝绸之路经济带和 21 世纪海上丝绸之路的倡议提出已近五年。五年来,"一带一路"已由中国倡议变成世界各地许多国家广泛参与的大规模国际合作。中国推进"一带一路"建设的总体构想、资源配置和具体布局,也随着实践的发展和现实的需要而不断调整、补充和完善。中国—新加坡互联互通南向通道就是在这一背景下提上日程,并已全面展开的又一重大建设任务。

一、南向通道建设的提出及其战略意义

"一带一路"倡议提出五年来,中国与周边地区的联系更加紧密,经贸合作、人文交流和安全对话更加务实。中国与周边各国通过联动发展来创新合作范式,意义和影响日益彰显。但是,中国西部地区因基础设施建设较为滞后、交通网络互联互通不够充分,与外部世界的联系依然不畅。在这种情况下,中国决定,通过提升与新加坡的合作规模和水平,共同建设互联互通南向通道。2014 年 8 月,习近平主席在南京会见前来参加青奥会开幕式的新加坡总统陈庆炎,正式提议设立第三个国家级合作项目,明确指出第三个项目设于中国西部。

2015 年 11 月 6 日,习近平主席在新加坡宣布中新项目落户重庆。次日,中新两国发表关于建立与时俱进的全方位合作伙伴关系的联合声明,宣布在中国西部地区设立第三个政府间合作项目,即以重庆作

---

[*] 本文为作者 2018 年 8 月在贵州省一次研讨会上的主旨讲话。

为项目运营中心，以金融服务、航空、交通物流和信息通信技术作为合作重点，正式实施"中新（重庆）战略性互联互通示范项目"。

2016 年 1 月，习近平总书记在视察重庆时指出，中新战略性互联互通示范项目在重庆落地，一定要高标准实施好，打造高起点、高水平、创新型的示范性重点项目。随后，双方在重庆举行了中新（重庆）战略性互联互通示范项目管理局揭牌仪式、互联互通示范项目联合实施委员会第一次会议。当年 4 月，推进中新（重庆）战略性互联互通示范项目交流会在重庆举行。会议确定双方将在金融、物流、航空、信息通信四大领域继续深化合作。

截至 2017 年 8 月，双方有关方面根据两国政府签署的各项协议，建立起三级合作机制，初步编制成型有关重点规划，并且出台了中方一系列支持政策和新方一大批创新举措。签约重点项目达 90 多个，资金总额近 200 亿美元，项目的示范性、辐射性、带动性得到显现。当年 9 月，习近平主席对来华访问的新加坡总理李显龙表示，中方希望双方建设好中新（重庆）战略性互联互通示范项目，并在地区层面带动其他国家共同参与国际陆海贸易新通道建设。

中方提议这一动议的目的，就是要推动中国西部地区与新加坡等东盟国家综合利用铁路、公路、水运、航空等多种运输方式，共同打造一条新的国际物流大通道，使没有出海口的西部各省区市，通过广西北部湾等沿海沿边口岸，进入新加坡及东盟国家主要物流节点，打造出一条新的通向外部世界的贸易大通道。

作为一条复合型的国际贸易物流大通道，南向通道有效开通和运营，向东将有助于西部地区扩大对东北亚地区的进出口，提升长江水运通道的进出口效率，向北将有助于对接中欧班列，缓解新亚欧大陆桥的运输压力，进一步拓展西部地区与东北亚、中亚和欧洲的联系，使西部各省区在新一轮大开发中抓住发展机遇，实现协同发展，有效破解西部地区交通困局，建立起东西互联、南北互通、内外兼容、联动发展的交通运输网络和经济合作格局，其作用和影响，不亚于正在全力推进的"六大经济走廊"建设。

互联互通南向通道对东南亚地区同样重要。有了这条通道，东盟国家的商品，可以经由新加坡直达重庆，并以重庆为枢纽，向中国西部各省区市输出，同时也可经重庆进入中欧班列，直接输往中亚、俄罗斯及东欧地区，与丝绸之路经济带沿线国家市场实现无缝对接。

"一带一路"国际合作是个庞大的系统工程。推动"一带一路"建设，首先要"推动国际大通道建设，深化沿线大通关合作。扩大国际产能合作，带动中国制造和中国服务走出去。优化对外投资结构。加大西部、内陆和沿边开放力度，拓展经济合作新空间"。打造中新互联互通南向通道，完全符合这一精神。换言之，建设南向通道，一可促成西部地区发展变革新格局，带动西部地区脱贫攻坚；二可拉动长江经济带建设，使长江经济带建设和西部大开发战略有机结合；三可优化"一带一路"总体布局，服务于睦邻友好关系建设，服务于我们所倡导的人类命运共同体建设。

二、南向通道建设的当前态势与未来前景

中新互联互通南向通道建设是个庞大的系统工程，涉及中国西部所有省区市。作为南向通道建设的重要参与方，四川、贵州、云南、甘肃等省纷纷制定并提出符合各自发展需要、同时又有自身特色的南向通道建设思路和规划。

广西拥有西部地区最大和最主要的出海口，南向通道工程的龙头部分在广西。广西首先要根据南向通道建设的总体需要，打造海铁联运国际贸易物流主干线，巩固提升连通中南半岛的跨境运输线，开通北部湾港通往重庆等地的班列，形成连通北部湾与西部主要城市的陆向协作网络，同时开通至新加坡、香港等地的集装箱班轮，提升集装箱吞吐能力，将北部湾港打造成区域性国际航运中心，同时建成南向通道多式联运综合信息平台。

近两年来，广西持续加大基础设施建设力度，协调推进南宁—贵

阳高铁、钦州港东站扩建、防城港—东兴铁路等一批重大基础设施项目，不断提升南向通道的运输能力。与此同时，广西还集中力量推进南宁—凭祥铁路、钦州集装箱办理站等 40 多个新的重点项目，加快在北部湾港、南宁、凭祥等地建设多式联运物流基地，培育现代化多式联运运营主体，加快构建有助于互联互通的多式联运体系。2017年 4 月，南向通道北部湾—重庆班列成功实现试运行。同年 9 月，南向通道铁海联运常态化班列由重庆首发，标志着南向通道建设步入快车道。2017 年底，中欧班列新增中国南宁—越南河内运行区间，打通了我国中西部地区经广西凭祥对接东盟的铁路运输大通道。

2018 年 5 月，钦州港—昆明班列实现双向首发，而钦州港—重庆、钦州港—成都班列此前已经开通，此三趟班列与广州—河内中越班列以及"陇桂新""蓉欧＋"东盟国际海铁联运班列陆续成功开行，使南向通道的铁路运输出现前所未有的新格局。与此同时，广西铁路规模最大的物流中心南宁中心正式运营，其最终目标是要成为全国最大的铁路多式联运物流基地和出海出边货物集结点，成为西南中南地区对外开放的新的重要战略支点。7 月 16 日，作为南向通道重大基础设施建设项目的广西钦州港东站集装箱办理站，一期工程正式开工。这一项目顺利启动，标志着南向通道建设稳步推进又有重大进展。

重庆的经济实力和地理优势，决定了它在南向通道建设中必然拥有重要枢纽与中心节点位置。重庆在 2016 年开通跨境公路班车的基础上，2017 年又在全国率先开通了常态化运行的"渝黔桂新"铁海联运通道班列。据统计，自 2017 年启动南向通道建设以来，仅从重庆经广西北部湾港直达新加坡的进出口货物，就已经到达 35 个国家和 58 个港口，西部地区商品出口运输成本已大大降低。

四川省拟以"多点放射、多路并举"方式打造现代综合交通运输体系，南向布局了 20 条高速公路大通道，目前已建成 8 条，到 2020年底还将新增 4 条。今年 6 月，宜宾—北部湾港与北部湾港—宜宾集装箱海铁联运班列双向开通，四川南向出海的对流通道完全启动。空运方面，四川已开通近 20 条连接东南亚南亚国家的航线，航线网络基本覆盖东南亚重要枢纽城市。

云南与越南、老挝、缅甸山水相连，建设南向通道具有得天独厚的区位优势。目前，云南与越、老两国共开通 28 条客货运输线路；经由云南的中缅原油管道已正式运营；中老、中缅两条光缆传输系统已投入使用。泛亚铁路作为南向通道的陆上通道，东线昆明、玉溪、蒙自至河口段 2014 年底已通车。中线玉溪、普洱、景洪至磨憨段，西线大理至瑞丽段，均处在建状态，预计 2022 年通车。境外段中老、中泰铁路也已开工。在贵州，全省上下以加强多式联运国际大通道建设为指导思想，努力构建"口岸＋海关特殊监管区域＋多式联运"新格局。

甘肃地处大西北，早已形成东进西出、南来北往、陆海联运的交通格局。参与南向通道建设，甘肃的目标是将兰州打造成"一带一路"西北地区货物集散中心之一。通过建设中的兰州国际港务区，接通兰州与重庆西部物流园、广西钦州港的联系。为实现上述目标，甘肃成立了南向通道建设推进组，下设铁海联运、贸易和通关一体化、人文旅游、临海飞地经济、大数据 5 个小组，全力筹划和推进国际陆海贸易新通道建设。2017 年 9 月兰渝铁路全线开通，兰渝线缩短约 700 公里，南向通道的交通瓶颈被打破。2018 年 1 月，甘肃省首列南向通道国际回程班列从广西钦州港抵达兰州。依托"渝新欧"中欧班列与"兰州号"中亚班列常态化运行的集货发运优势，甘肃物产走向世界、世界物产进入甘肃已变得更加便利和快捷。

三、加快南向通道建设需要解决的主要问题

南向通道建设的初期成果和发展远景，引起了国际社会的高度关注。新加坡一位副总理不久前考察南向通道建设时，对通道建设的当前态势非常认可。他表示，新加坡可以在将中新互联互通南向通道衔

接至域外国际市场方面扮演重要角色。这有助推动中国西部整体的经济发展，吸引更多外国及新加坡企业通过重庆扩展在中国西部的业务。同样，中国企业也能通过中新互联互通南向通道，以新加坡作为进军东南亚和其他国际市场的基地。亚非欧地区 12 国驻华使节考察时也表示，中新互联互通南向通道利用铁路、公路、水运、航空等运输方式，将中国同东盟、欧洲甚至非洲连接起来，运输成本更低，发展潜力巨大。他们希望本国借助这条通道，更好地融入"一带一路"建设，与中国开展更多合作，加强区域经贸文化交流。

西部地区建设南向通道热情高涨，国际社会对南向通道期望值很高，内部诉求与外部需要相互作用，我们必须以习近平总书记关于"一带一路"国际合作的总体构想为指导，以国家新一轮基础设施大建设为助力，以"引进来和走出去并重，形成陆海内外联动、东西双向互济的开放格局"为目标，切实做好如下工作，进一步开启南向通道建设新高潮。

（一）尽快完成顶层设计和总体规划，加强国家层面对互联互通南向通道建设的集中统一领导和指挥。中央有关部门宜制定和发表政策白皮书类的指导性文件，将包括西藏在内的西部所有省区市全部纳入南向通道建设范围，明确南向通道建设的大政方针和阶段性工作目标。通过文件提供的强有力的政策指导，使我国西部地区与中南半岛及整个东南亚地区，在人流、物流、信息流、资金流等诸多方面实现全要素的对接和集聚，最终实现域内域外贸易和生产要素全方位优化配置，促进经济协同发展、经济社会同步发展。为加强南向通道建设的统筹协调，国家层面可考虑成立协调领导机构，各部委与各地政府应积极配合，建立相应机制。2018 年全国"两会"期间，西部地区已有八省区市全国政协委员联名提案，建议将"南向通道"上升为国家战略。

（二）建立健全域内外协调合作联动机制，将南向通道建设与国家特别是本地区"十三五"规划紧密结合起来。西部地区经济发展总体水平不高，基础设施建设相对滞后，经验不足和人才短缺问题比较突出。要全面推进互联互通南向通道建设，创造参与"一带一路"国际合作新局面，就要进一步解放思想，开拓创新，努力打破地域界限和机制障碍。2017 年 8 月，渝桂黔陇四地政府签署关于合作共建中新互联互通南向通道的框架协议和相关文件，描绘出合作共建南向通道的大格局。2018 年全国"两会"后，上述四地相关部门召开联席会议，确定了共建南向通道工作要点。内蒙古等 6 省区代表应邀参加，各方就南向通道建设形成共识并提出"重庆倡议"。建议在此基础上，西部各省区市加强与国家有关部委、东部地区省市的联系与合作，积极争取国家部委的支持和东部发达省区市的参与，努力把南向通道建设转变成经济发展优势，形成新的经济增长点。在此过程中，各方要科学定位，厘清优势，准确发力，而不要一哄而上，盲目攀比，重复建设。要解决好当前与长远、域内与域外、政府与市场的关系问题。

（三）进一步加强与东盟国家的政策沟通、民心相通以及机制体制、标准规范对接，优化与新加坡等东盟国家的国际多式联运体系。抓好南向通道建设，首先要大力发展和完善国内西部地区的交通运输网络和相关配套设施，提升自身的互联互通水平，包括产业园区建设的质量和水平，同时也要在国家和地方两个层面，做好与东盟各国人员往来便利化、货物通关便利化、边境交通便利化、贸易投资便利化、货币兑换便利化、信息交换便利化、安保合作便利化等相关工作。要在不断改善自身营商环境的情况下，做好招商引资工作，确保越来越多的境外伙伴，首先是东盟国家的企业，能够积极踊跃地参与到南向通道建设中来。

（四）中央政府要努力帮助地方政府解决好南向通道建设的资金支持问题。西部地区自然禀赋总体欠佳，经济发展水平普遍不高，多数省区市资金不足的矛盾极为突出。在当前国内经济下行压力增大的特殊条件下，西部地区基础设施建设特别是交通网络建设项目造价高、投资效益差、融资难度大的问题愈发难解。无论从推进"一带一路"国际合作的总体布局出发，还是从实现国家"十三五"经济社会发展规划的现实需要考虑，国家都必须保证对南向通道建设的支持力度。其中特别重要的，是要"扶上马，送一程"，通过实实在在的财政金融支持，为西部地区最终形成完好的自身造血功能提供必不可少的外部条件，使互联互通南向通道建设，完全跟上其他"六大经济走廊"的建设步伐。

3. 产能合作："一带一路"行稳致远的重头戏*

　　2013 年秋，习近平主席出访中亚和东南亚，向周边国家和整个国际社会发出了共建丝绸之路经济带和 21 世纪海上丝绸之路，即"一带一路"倡议，开启了我国与"一带一路"沿线国家共同发展，带动整个世界联动发展的历史新时代。在这一过程中，我国推进国际产能合作的步伐亦不断加快，领域不断拓展，伙伴不断增加，成果不断显现。中国企业与中国制造走向全世界、开创共享经济新格局的道路越走越宽广。

一、国际产能合作是全球化时代必不可少的经济现象

　　自资本主义生产关系诞生时起，资本便为利益趋使而奔走全球。与之相伴的，自然是生产技术、工艺流程、管理方式乃至制造业链条整体出走。可见，产能合作是人类社会经济活动不断扩张的必然产物，也是全球化时代持续发展并且不以人的意志为转移的经济现象。因此，产能合作也就不单纯是制造业技术转移，同时也是对外投资、产品交换、金融合作、全球价值链重组、世界经济关系再造等系列经济活动的总和。

　　不同的是，资本主义早期时代的国际产能合作，带有显而易见的殖民掠夺色彩，通常与西方列强争夺原料产地、廉价劳动力以及产品

---

　　* 本文原为作者在第二外国语大学一次研讨会上的讲演，后发表于《丝路瞭望》杂志。

倾销市场密切相关。当今时代，经济全球化普惠发展，社会主义国家和新兴经济体参与国际竞争，超越社会制度差异和意识形态分歧寻求合作发展是大势所趋。不同发展水平的国家互通有无、调剂余缺，通过优势互补谋求合作发展，进而实现互利共赢的特点较前鲜明。

国与国之间的产能合作，在当代世界经济发展进程中势如潮涌，锐不可当。一般说来，国际产能合作包括产业转移与投资合作，通常做法是通过引入或输出生产设备、先进技术和管理方式，使基础设施与产业结构落后一方加快工业化进程，提升现代化水平。国际产能合作，既可以是双边的，也可以是多边的；既可以通过技术输出方式实现，也可以表现为产品输出。因而，国际贸易自然而然地属于国际产能合作的范畴。涉及资源开发、交通运输、园区建设、民生设施建设的对外投资活动，属于国际产能合作的重要内容，也可纳入国际产能合作范畴。

广大发展中国家，由于经济发展水平较低，长期处于世界经济分工的末端，在全球产业链中一直处于微不足道的地位，过去根本无法积极主动地参与国际产能合作，更谈不上装备、技术与资本输出。即使经历过某种国际产能合作，也是西方国家对本国的产能转移、资本输出和商品倾销。中国改革开放初期，制造技术较为发达、资金相对充裕的外企纷纷来华投资办厂，也是一种国际产能合作。中方虽是被动参与，有时是被迫接受，但经济发展有了新动能，学到了很多新知识新技能。

进入 21 世纪后，中国经济由于多年迅猛发展，制造业规模不断扩大，产能富足和过剩问题逐渐显现。在"开辟两个市场、利用两种资源"的思想指导下，中国企业开始走出国门。中国装备、技术、产品和某些标准，随之走向世界。中国进入与世界开展产能合作的新阶段。当然，我们的产能合作伙伴这时主要是发展中国家，产能合作项目大多以工程承包为主，自发性、粗放性、同质性、水平与效益的低下性较为明显，更没有形成完整的国家政策。

二、产能合作既是我国自身发展需要也是当今时代潮流

在推动和支持企业走出去的过程中，中国政府深切地感受到发展中国家对产能合作、制造业合作的巨大需要，感受到通过合作发展走向共同繁荣的无限机遇和可能。

2013 年秋，习近平主席访问哈萨克斯坦时指出，他倡导丝绸之路经济带，目的就是要使欧亚各国经济联系更加紧密、发展空间更加广阔。他建议各国就经济发展战略和对策进行充分交流，协商制定推进区域合作的规划和措施，主张共同探讨完善跨境交通基础设施，逐步形成连接东亚、西亚、南亚的交通运输网络。他在访问印尼时又指出，中国愿支持本地区发展中国家包括东盟国家开展基础设施互联互通建设，愿通过扩大同东盟国家各领域务实合作，互通有无，优势互补，同东盟国家共享机遇，共迎挑战，实现共同发展，共同繁荣。

中亚国家与东盟各国对中方谋求合作发展的真诚意愿和决心反应良好，与中国合作信心增强。我国与"一带一路"沿线各国开展产能合作与装备制造业合作，就这样顺理成章地提上日程。

2014 年 12 月，李克强总理访哈，与哈方探讨了将中国优势产能与哈方基础设施建设需求相互对接的可能性，中哈产能合作应运而生。次年 3 月，李克强总理访问印尼，建议双方在基础设施建设和推进工业化方面深度合作，以经贸对话机制为基础建立产能合作机制。2015 年 3 月，他向来访的亚美尼亚总统表示，中方愿契合亚方新发展规划，开展铁路、公路、核电、电力等领域合作，同时帮助亚方建设多种生产线，就地取材开展基础设施建设，促进亚美尼亚的工业化进程。他还对斯里兰卡总统表示，中方愿继续鼓励中国企业赴斯里兰卡投资兴业，参与斯里兰卡基础设施和工业建设，帮助斯里兰卡提高工业化水平。

中方与"一带一路"沿线国家开展产能合作的建议和构想，得到积极响应。2015 年春，中哈签署 33 份产能合作文件，涵盖领域极广，

项目总额达 236 亿美元。为支持两国产能合作走向深入，中国丝路基金还出资 20 亿美元，设立中哈产能合作基金。

到 2017 年 5 月"一带一路"国际合作峰会召开时，中哈双方不仅有政府间产能合作协议，同时还建立了常态化合作机制，确定了总额 270 亿美元的重点合作项目。首批 34 个项目如期完工，包括铜选矿厂、电解铝厂、沥青厂、水泥厂等。石油深加工、钢化玻璃、大口径螺旋焊钢管等另外 43 个重点项目，进展顺利。中哈产能合作产生了超乎预期的示范效应。

2017 年 5 月首届"一带一路"国际合作峰会召开时，我国已在 30 多国家展开了不同规模的产能合作。在多边层面，中方推动发表了《中国—东盟产能合作联合声明》《澜沧江—湄公河国家产能合作联合声明》等文件，通过产能合作引领区域次区域合作向更高水平迈进。印尼雅万高铁项目、马来西亚 350 万吨钢铁厂、南亚大陆中巴经济走廊等各种形式的产能合作在稳步推进。在非洲，首条海外全中国标准铁路、投资 38 亿美元的肯尼亚蒙内铁路正式通车。在东欧，中国与塞尔维亚产能合作的样板斯梅代雷沃钢铁厂投入运营，中方参与建造的匈牙利至塞尔维亚高铁开始动工。

为了推动中国对外产能合作，实现可持续发展，中方不仅出资设立了中哈产能合作基金，同时还设立了规模 100 亿美元的中非产能合作基金，规模 300 亿美元的中拉产能合作基金，总规模 1000 亿元人民币的中俄地区合作发展基金，另外与阿联酋合资设立了规模 100 亿美元的中阿共同投资基金。宁夏自治区和国内有关企业、机构，联手部分海湾国家，设立了中阿产业投资基金会。中国倡导和推动的"一带一路"国际产能合作，方兴未艾，格局初成。

三、加强顶层设计和政策引导，明确合作方向和目标

为了加强对国际产能合作的总体规划和政策指导，国务院 2015 年 5 月即已印发《关于推进国际产能和装备制造合作的指导意见》

（以下简称《意见》），阐明了开展国际产能和装备制造合作的指导思想、基本原则、目标任务和政策措施。文件指出，在全球产业结构加速调整、我国经济发展进入新常态的背景下，推进国际产能和装备制造合作可以实现"四个有利于"，即有利于我国优势产能对外合作，增强企业核心竞争力；有利于推动经济结构调整和产业转型升级，促进我国经济中高速增长和迈向中高端水平；有利于推动新一轮高水平对外开放，增强国际竞争优势；有利于深化我国与有关国家的互利合作，促进当地经济和社会发展。

《意见》特别强调，对外开展产能和装备制造业合作，应坚持"企业主导、政府推动，突出重点、有序推进，注重实效、互利共赢，积极稳妥、防控风险"的基本原则。要兼顾两个重点：一是要把那些与我国装备和产能契合度高、合作愿望强、合作条件好的发展中国家作为重点国别，同时积极开拓发达国家市场；二是要把钢铁、有色、建材、铁路、电力、化工、轻纺、汽车、通信、工程机械、航空航天、船舶和海洋工程等作为重点行业。《意见》明确提出，要加强统筹协调，注重体制机制创新，坚持开放合作发展，健全服务保障体系。推进国际产能和装备制造合作，归根结底，是要"拓展产业发展新空间，打造经济增长新动力，开创对外开放新局面"。

2016年2月，商务部等七部门又联合发文，要求相关部门和产业"牢固树立创新、协调、绿色、开放、共享的发展理念，主动适应经济发展新常态，以建设贸易强国为目标，以创新发展为核心，坚持市场导向，加快提升我国产业在全球价值链中的地位，支撑制造强国建设，推进供给侧结构性改革，实现发展动力转换，为经济社会发展作出更大的贡献"。

2017年10月，习近平总书记在党的十九大报告进一步指出："中国坚持对外开放的基本国策，坚持打开国门搞建设，积极促进'一带一路'国际合作，努力实现政策沟通、设施联通、贸易畅通、资金融通、民心相通，打造国际合作新平台，增添共同发展新动力。"

2018 年 8 月，在有关部门召开的推进"一带一路"建设工作 5 周年座谈会上，习近平总书记就如何做好"一带一路"这篇大文章，又阐述了新的构想，提出了新的指示，要求我们把"一带一路"由大写意变成工笔画。这些重要指示，为我们在"一带一路"已经取得非凡成果、国际经济形势和经贸关系趋于复杂的大背景下，进一步推进国际产能合作及装备制造合作，提供了更为强劲的思想指南和精神力量。

四、扩大国际产能合作关系网，推进境外生产力新布局

目前，世界经济秩序和力量对比已发生深刻变化，广大发展中国家，特别是以中国为代表的新兴经济体，经济发展步伐加快，对外合作能力显著增强。西方发达国家主导和垄断国际产能合作的局面已一去不复返。

面对国内国外新形势新任务新要求，我国走出去的企业注意发挥市场主体作用，坚持按商业原则和国际惯例，参与和推进国际产能和装备制造合作。在继续发挥传统工程承包优势的同时，积极探索"工程承包＋融资""工程承包＋融资＋运营"，以及建设—经营—移交、政府和社会资本合作等多种新的合作模式，创造了不少新范式，积累了不少新经验。

更重要的是，虽然总体上说，"一带一路"沿线国家仍属于世界经济体系中的弱势群体，仍处于国际产业链条的中下端，但发展中国家现代化诉求强烈，城镇化进程普遍加快；发达国家基础设施需要更新换代、补齐短板，国际上产能合作和装备制造合作需求一如既往。中国作为世界头号制造业大国，有数百种工业品产量稳居世界第一。这些优质而富余的产能，构成了中国持续推进国际产能合作的物质技术基础。中国借助"一带一路"合作平台，不断拓展对外产能合作与装备制造合作，在境外形成新的生产力布局，建立更广泛更坚实的产能合作伙伴关系网，空间广阔，大有可为。

2018 年 9 月，"一带一路"倡议发出 5 周年之际，中哈产能与投

资合作论坛在北京举行，中哈产能合作促进中心正式揭牌。与此同时，国际产能合作论坛暨第十届中国对外投资洽谈会亦在北京举行，论坛期间同时举行了中国—拉丁美洲国际产能合作专题论坛、中国—东盟产能与合作投资论坛、中国—非洲国际产能投资合作论坛、"一带一路"产业园区论坛。不久后，中国中部国际产能合作论坛在武汉举行。来自94个国家的757位专家学者和企业人士参与了论坛研讨。论坛期间签署的合作文件多达65份，协议金额超过1427亿元人民币。

近来，为迎接第二届"一带一路"国际合作峰会，从国家部委到地方政府，从大型国企到民营资本，都在认真谋划和推进国际产能合作和装备制造合作。不少省区还专门出台文件，就本地区对外产能合作作出具体规划和部署。我国"以点带面，逐步扩展""分类实施，有序推进"的国际产能合作总思路，正在得到认真贯彻和落实。中国产品、装备、技术、标准走向世界的步伐进一步加快，相关国家基础设施建设和工业生产能力进一步提升，国际产能合作有利于共同发展与繁荣的国际共识，也在进一步增强。

当然，我们还要清楚地看到，中国对外产能合作仍处于初始阶段。促进产能合作体制机制不健全，促进国际产能合作政策不配套，政策支持和服务体系建设不同步等问题有待解决。中国企业缺乏国际合作经验，不善于运用国际国内两种规则，合规经营意识较差，风险应对手段比较单一，国际化本土化程度低下等问题，必须在实践中认真研究和解决。

国际产能合作和装备制造合作，同时也应是中国走向世界而世界也进入中国的双向互动进程。二者不可分割，也不可偏废。即便未来我国现代化水平大幅度提升，优质产能大面积增加，国际产业链"丈有所短，尺有所长"的局面不会改变，互有需求和优势补充的格局也不会改变。所以，严格意义的国际产能合作，应包括外国优质产能、先进设备及标准理念走进中国，融入中国经济，被中国市场消化吸收。

4. 必须高度重视"一带一路"建设的海外安保问题[*]

中国"一带一路"倡议提出四年多来，中资企业和中国公民以前所未有的规模和力度走向外部世界。有数据显示，2015 年，中国内地居民出境人次突破 1.2 亿人次，在外劳务人员达到 102.7 万，在外留学人员达到 170.88 万。中方在近 200 个国家和地区设立企业逾 3 万家[①]。2016 年，中国对外非金融类累计投资达 1701 亿美元，同比增长 44%，增速为上年的 3 倍。中国走出去的企业和境外中国公民的数量继续大幅度增长。一个颇具规模的"海外中国"，正在逐渐形成。海外华人华侨总数据统计已经超过 6000 万。

同时，我们还要看到，一方面，当今世界正处于大发展大变革大调整时期，新旧格局转换和新旧秩序更替引发的矛盾和冲突此起彼伏，天下并不太平。另一方面，参与"一路一带"建设的国家大都处于现代化建设的初始阶段，面临政治变革、经济转轨、社会转型的艰巨任务，有些国家处于东西方文明的交汇区，长期遭受恐怖主义、极端主义和分裂主义的困扰和威胁。政治冲突、经济危机、社会动荡与宗教、民族矛盾以及地区冲突相互交织。此外，气候变化、环境污染以及公共安全事件多发导致的非传统安全问题也日益突出，与之俱来

---

[*] 本文系作者 2018 年 6 月在中安华盾公司组织的海外安保问题学术研讨会上的讲话。

[①] "中国领事保护与服务：盘点 2015，期冀 2016"，中国领事服务网，2016 年 2 月 3 日。

的各种冲击和挑战愈加频繁。

当前国际事务的复杂性和"一带一路"建设所涉区域安全形势的特殊性，使得中资企业和中国公民的海外安保问题面临严峻挑战。2015 年 11 月，马里首都发生恐怖袭击，中国铁建国际集团西非公司正、副总经理等三人遇袭身亡，教训惨痛。2016 年 7 月，土耳其突发政变，全国暴力活动蔓延，近 600 名滞留在土的中国人面临生命威胁。同月，南苏丹爆发内战，驻地 8 家中资企业的逾千名中国人陷入险境。2017 年 5 月，两名中国人在巴基斯坦俾路支省遭绑架遇害。2018 年 4 月 7 日，吉尔吉斯斯坦发生大规模针对中国企业的打砸抢烧事件。中国企业、中国公民在海外面临的安全威胁呈现"量率齐升，增幅扩大，同步爆发，线长面广"的新特点。换句话说，中国在境外的市场化投资行为，面临着"高风险、低安保、损失重、救济弱"的困境。

全面检视并认真分析当前中国企业和公民海外安保工作的诸种情况可以发现，此项工作在结构上路径上存在两重弊病：其一，我国海外安全产品的供给结构单一，主要提供主体是国家和政府，民间力量的参与十分有限，因而导致了海外安全需求和供给之间的失衡；其二，海外安全供给的贯彻路径是"自上而下"的，缺乏"自下而上"的呼应机制，市场和社会力量的积极性并未充分统筹和调配到位，海外安全网络编织不够细密。

为了更好地支持和推进"一带一路"建设项目，我们需要一个多元化、多层次、多维度的海外安全产品供给结构，需要在供给路径方面实现"上下贯通"，需要多方主体积极参与并共同编织密集的海外安全防护网络。为此，我们应大力推动以下六方面工作：

1. 强化顶层设计，推动机制创新。考虑到我国海外企业和华人华侨已经形成超大规模，构建中国海外安保体系所需调动的力量和资源异常庞大，建议尽早建立一个强有力、超部门、军民融合、统筹协调的海外安保协调指挥中心，集中统筹与全面协调相关事务，以便有效超越部门局部利益，克服政出多门带来的执行阻力，实现决策一体化、效能最大化、行动最优化，以更高层次和更高效率，优化和完善我国海外安保体系的决策与指挥中枢。

2. 完善法律法规，依法确权维权。建议尽快健全中国企业与公民海外安全的司法保障体系，将有法可依贯穿于维护我国海外企业和公民海外安全利益的全过程和各环节。有关部门宜早日启动中国公民海外安全法或中国企业海外利益保护法的制定工作，明确中国海外安保事业的内容及方式，细化各方权责。又如，撤离海外国民、应急救援等海外行动，已是中国人民解放军维护国家海外安全利益的重要方式，但国防法对此尚无明确规定，建议在国防法中做适当调整，或增加相关内容。此外，鉴于海外安保事业绝不限于我国自身，许多问题和挑战远非一国之力所能应对，建议积极推进国内相关立法与国际有关公约、协定的对接，同时考虑推动形成新的国际法文件。

3. 重视能力建设，扩大国际合作。建议继续加强领事保护、军事救援、国际合作、情报搜集四大能力建设，提高海外利益安保系统相互协调、配合行动的质量与水平。在领事保护方面，应与所在国各级政府、强力部门、民间组织和主要媒体建立更为密切的友好关系，通过外交努力提升中国护照的含金量，尤其要加强高风险地区领保队伍建设，扩大相应编制，保障相关经费。在军事救援方面，应持之以恒地推进军队远程投送、快速反应能力建设，重视军队海外基地的建设和使用，提升运用军事手段保护我国海外企业和公民生命财产安全的能力；在与各国开展军事交流与合作中，宜增加人道主义救援、海外利益保护等相关内容。在情报搜集方面，除情报部门应将海外风险情报搜集和研判纳入核心业务范畴，不断提高预警情报水平外，还应通过民间渠道开发拓展情报分析工作，支持成立从事海外风险咨询的专业智库或商业咨询公司。在多边协作方面，应开展更多的国际人道救援行动，加强在相关国家和地区的护侨撤侨演练，探讨在相关国家与第三国开展安保合作的可能性，进而推动建立多边的区域安保与反恐协作机制。

4. 善用海外侨领，推广联防机制。近年来，我国部分驻外使领馆借助海外社会力量，建立领保联络员及安全联防机制，拓展领保服务网络，效果良好。各驻外机构应在不违背相关国家法律的前提下，深入研究借鉴这一机制的可行性，以便更好地利用侨领侨团搜集情报信息，拓宽预警渠道，建立更加可靠的境外安保联络机制。

5. 重视政策支持，帮扶安保企业。建议明确企业海外项目安保的刚性投入比例，鼓励我国境外企业优先雇用在当地落户的国内安保企业；鼓励我国金融机构对有实力、有业绩、有项目、有信誉的境外安保企业提供信贷融资支持，同时加强海外安保市场的规范及管理，制定统一标准，加强资质考核，规范报备手续；通过整合资源，形成分门别类、各具优势、相得益彰的海外安保产业链，为我国海外企业和公民提供全方位、综合性、专业化的安保服务。

6. 借助商业保险，分散海外风险。建议按照 2014 年《国务院关于加快发展现代保险服务业的若干意见》的要求，由国内相关机构牵头，推动商业保险公司制定有针对性的海外安全风险品种，为海外企业和公民提供"安全防护险"，同时鼓励中国海外企业尤其是中小型民营企业加入跨国保险网络，通过商业工具规避海外安全风险。

国家安全的一切是为了人民。党的十九大报告重申了以人民安全为宗旨的总体国家安全观，首次明确提出国民安全这一全新概念，进一步深刻揭示了国民安全在国家安全构成要素中的重要性以及在国家安全活动中的终极目的性。在这一新形势下，我们应从国际关系发展变化和"一带一路"建设实际需要出发，在国家主导下构建高效而灵敏的立体化海外安保体系，即以设立国家海外安保协调指挥中心为基础，以领事保护机制为核心，以私营安保公司、企业、保险公司、海外侨团为支柱，形成官民结合、体系完备、运转有序、反应快速、职责清晰、良性互动的全新体制与机制，不断总结经验，不断开拓创新，深入持久地做好海外安保这篇大文章。

5. 海外安保建设是中国特色大国外交应有之义[*]

2018 年 6 月，中央召开了十九大后的首次外事工作会议。习近平总书记在会上深刻分析了当前国际形势发展变化的主要趋势，科学阐明了我国与外部世界相互关系的基本特点。他指出："当前，我国处于近代以来最好的发展时期，世界处于百年未有之大变局，两者同步交织、相互激荡。做好当前和今后一个时期对外工作具备很多国际有利条件。"会议进一步明确了新时代中国特色大国外交的指导思想、主要任务和实现路径，对我国海外安保问题，作出了新的谋划和部署。

一、当前国际形势发展变化的新趋势新特点

正确认识国际力量对比，牢牢把握世界发展大势，精准厘清中国与外部世界的关系，是我国制定并实施对外战略和策略的重要依据。当今世界大发展大变革大调整的基本态势，主要表现为：

第一，国际力量对比东升西降，世界格局转换出现异常。所谓国际力量对比东升西降，是说广大发展中国家群体性崛起势头强劲，以中国为代表的新兴市场国家在全球经济发展进程中的作用持续上升。作为世界第二大经济体的中国，对世界经济增长的拉动作用超过美国、日本和欧盟之和。中国在推动全球治理体系改革、引领联动发展

---

* 本文为作者在中华安盾公司 2018 年 7 月举办的关于"一带一路"海外安保工作研讨会上的发言。

与共同进步、争取构建新型国际关系等方面发挥着越来越大的作用。所谓世界格局转换出现异常，是说冷战结束后新旧格局转换引发的多极化进程正在发生重大变化。随着美国"一超独霸"局面渐趋终结，特朗普政府打着"美国第一"的旗帜破坏国际关系准则，以"退群"、毁约、骂阵、制裁等方式粗暴挑战国际秩序，美国在国际事务中的负面影响越来越大。人类和平发展与世界多极化进程，面临冷战结束以来未曾有过的严峻局面。国际力量对比关系深刻变化造成的种种不适相互激荡，世界新旧格局艰难转换引发的矛盾和问题彼此叠加。中国倡导构建新型国际关系并推动建立人类命运共同体，势必面临更加艰巨的任务和更加严峻的考验。

第二，世界各国的经济与人文交流更加活跃，安全领域中的联系与依存愈加密切。不同文明类型之间的互通互鉴进入崭新发展阶段。一方面，各大经济体结构调整持续发力，科学技术创新与绿色发展理念引领潮头，世界经济增长与贸易形势整体回暖，全球总需求呈现扩张态势；另一方面，孤立主义、民粹主义等社会思潮在一些国家风起云涌，美国等西方国家推行的贸易和投资保护主义为反全球化运动推波助澜。在世界经济还没有找到持续稳定增长的新动力的情况下，特朗普政府发动的大规模贸易战严重冲击着现有的国际贸易秩序和规则，为今年和未来一个时期的世界经济带来很多不确定性。在这一背景下，世界主要经济体的综合国力角逐和发展模式之争，变得愈加残酷和激烈。欧盟和日本为维护自己利益，一方面与美国的矛盾和冲突在上升，另一方面又惧怕中国崛起，屈服于美国淫威，不惜与美国共谋新的世界贸易规则，联手制华。中国与美国乃至西方世界的历史性博弈，格外尖锐地呈现在国际社会面前。

第三，当前国际形势"乱""变"交织的特点分外突出，我国和平崛起的国际大环境和周边小环境不可测因素增多。尽管如此，国际社会对于"中国需要世界和世界需要中国"的普遍共识，没有改变也不会改变；中国现代化发展进程即是"中国走向世界、世界走向中国"的进程，没有改变也不会改变；中华民族实现伟大复兴将"深刻改变自己同时也深刻影响世界"，没有改变也不会改变。总而言之，环顾天下，尽管世界新旧格局转换和力量对比变化引发的地缘政治裂变持续发酵，各种各样的矛盾和冲突此起彼伏，传统安全与非传统安全问题密切交织，中国在走向世界舞台中心的进程中不断拓展自己的发展利益和安全利益，这一历史大势没有改变也不可能改变。

二、中国特色大国外交的指导思想和重要任务

面对世界大发展大变革大调整的复杂态势以及国际关系中的不稳定性不确定性和不可测性进一步增多等实际情况，习近平总书记一方面旗帜鲜明地主张："各国人民同心协力，共同构建人类命运共同体，共同建设持久和平、普遍安全、共同繁荣、开放包容、清洁美丽的世界。"另一方面也毫不含糊地指明："我国对外工作要坚持以新时代中国特色社会主义外交思想为指导，统筹国内国际两个大局，推动构建人类命运共同体，坚定维护国家主权、安全、发展利益。"

可见，努力开创新时代中国特色大国外交新局面，就是要在中华民族与世界融合发展的过程中，积极参与引领全球治理体系改革，打造更加完善的全球伙伴关系网络；就是要在为人类进步作出新的更大贡献的同时，全力维护中华民族不断拓展的发展利益和安全利益，其中包括迅速扩大的海外利益；就是要把推动建立公正合理、公平正义的新型国际关系，与大力开拓国内国际两个市场，有效利用国内国际两种资源，有机地协调和统一起来。

近些年来，随着中国对外开放的幅度和力度不断加大，特别是"一带一路"倡议提出以来，中国企业走出去的步伐进一步加快。许多央企、国企和大型民企都把不断扩大对外投资、实行跨国并购、参与境外资源开发、兴办产业园区、合资生产经营等方式确定为新的增长点和发展方向。由于我国涉外安全的主体急剧增多，并且相当多一部分集中在经济发达程度不高、法治环境较差、安全形势复杂、社会

治理水平相对较低的国家和地区，针对中国企业和公民的安全事件近年来频发不绝。中国公民、企业和境外机构的安全需求明显扩大。中国的海外利益安保问题日益紧迫。

当前，中国海外经济利益继续呈现高速发展的态势，规模超大性、种类多样性、分布广泛性、管理滞后性与风险复杂性相互交织的特征日益显现。尤其是"一带一路"倡议的实施，中国的发展利益大规模向周边地区延伸，海外安保需求迅速向全球层面扩展，已经成为国际社会的普遍共识。简而言之，中华民族的发展利益不断向外拓展和延伸，中国加速成长为具有全球影响力的世界大国，需要对海外资产、海外利益和海外人身安全提供必要的和强有力的安全保护。

三、尽快建立完善满足我国发展利益外溢需要的海外安保制度体系

中国企业的海外投资和经营活动，目前已遍布全球，但重点是周边地带以及中东、非洲、中南美洲、南太平洋地区的不发达国家，投资项目涉及基础设施联通、矿产资源开发、兴办工业园区、参与公共服务、提供劳务支持等诸多领域。中国企业如此大规模地走向世界，使得中国海外利益拓展面临两种境地：一方面取得不少可资共享的发展成就，积累不少互利共赢经验；另一方面也遇到诸多问题和困难，对我国与合作伙伴国的关系形成潜在压力和挑战。

从企业外部环境看，这种风险主要来自于相关国家，表现为政治风险、社会风险、市场风险、竞争风险、法律风险、环境风险、灾害风险、供应链风险，等等。从企业自身情况看，则表现为定位风险、决策风险、投融资风险、运营风险、管理风险、技术风险、合规风险，等等。上述各种风险中，政局变化引发的政治风险，包括战争行为、政治动乱，特别是贸易保护主义、极端民族主义、粗暴民粹主义驱动的政治暴力风险，以及由于劳动权益问题引发的政治暴力风险等。国家强征、恐怖袭击、社会犯罪、汇兑限制、伙伴违约等，也在

很大程度上威胁海外中资机构和华人华侨的财产和人身安全。

有效维护和发展中国的海外利益，这是实现"两个一百年"伟大目标，实现中华民族伟大复兴的必然要求，也是中国加快自身现代化发展进程，全面实现与外部世界共同发展与安全的重要条件。因此，有关方面必须紧跟我国海外利益拓展步伐，加快顶层设计，统筹规划研究，尽快建立和完善既符合国际规范和国家关系准则，又能适应和满足我国发展利益外溢需要的海外安保制度和体系。

第一，从国家对外战略层面开展顶层设计，提出建立和完善海外安保制度体系建设目标。首先要构建海外安保制度建设的战略框架，明确海外利益维护的重心和目标，确立国内主管部门政策指导、驻外使领馆全面协调、走出去企业与合作伙伴方共同参与的多元保护体系，形成不同利益主体之间协调合作的基本原则，努力发挥不同利益主体在海外安保建设中的积极性、主动性和创造性。最好能以政府白皮书或发表相关文件的方式，详细阐明中国政府加强海外利益保护的意志和决心。

第二，为适应我国企业大规模走出去并且急需有效保护的现实，须从法律法规和制度层面建立健全海外经济利益保障体系。首先，必须完善以总法律顾问为核心的海外投资法律管理制度；其次，必须规范企业决策程序，确立法律人员参与涉外项目决策的相应机制；再次，必须学会运用国内国际两种规则，善于运用双边或多边投资保护协议如 ICSID（国际投资争端解决中心）公约。此外，必须强制我国走出去企业购买海外投资保险，同时尽最大可能要求合作伙伴国为中国企业的投资提供必要的担保。

第三，从政治、经济、环境、安全等多层面入手，完善我海外投资等经济活动利益风险评估机制，制订切实可行的利益维护预警方案。政府部门要提高协调预警和风险评估的组织能力，尽快建成和完善中国企业走出去风险评估应急体制。已经走出去的企业应当对涉外经济活动的风险进行常态化研究，必要时可设立专门的风险评估机构，包括及时掌握和了解国际市场的需求变化以及投资环境问题。要强化走出去企业在国家海外利益维护中的重要作用。

第四，努力寻求我国与合作伙伴国的安全利益汇合点，共同打造良好的双边多边安保合作伙伴关系。要形成风险与责任共担的利益共同体，尽可能多地雇用当地职员，包括风险评估专家和保安人员，以增强企业与当地市场的融入度和亲密度。国家安全与公共安全机构及相关部门，应进一步加强对外执法合作，及时打击危及我国企业海外利益和华人华侨生命财产安全的跨国犯罪活动。

第五，树立负责任有担当的大国形象，使国际社会更加客观理性地看待中国。要大力宣传中国对外投资对东道国经济社会发展的积极作用和影响，宣传中国企业带着绿色理念走出去的成功经验。走出去的企业应特别重视海外社会责任问题，要增强遵守所在国法律法规和风俗习惯的意识，树立良好的企业品牌形象，加强与当地媒体、民间组织及社会大众的沟通和交流。

第六，要认真研究借鉴发达国家国际维权的成功经验和好的做法，探索中国与合作伙伴方共商共建共享的海外安保之路。美国在其崛起阶段曾通过设立相关政府部门、对海外利益进行排序以及创设国际仲裁机制、建立安保公司等方式维护其海外利益。近年来，我驻外机构和走出去企业利用华侨社团进行信息搜集与风险评估，与合作伙伴方共建重大项目安保体系，安装配置先进的安保技术工具，培训双方共管的安保队伍，已积累了一定经验，应进一步总结推广。

新时代中国特色大国外交将为不稳定不确定的国际局势提供多维度的稳定性，并为人类社会追求更加美好的未来注入强大正能量。中国海外安保体系建设，作为中国国家总体安全机制建设的重要组成部分，自然会不断走向成熟。中国海外安保的能力和水平，必将进一步增强和提高。

6. "一带一路" 海外安保事业大有可为[*]

　　不久前，第二届"一带一路"国际合作高峰论坛在北京成功举办，与会各方围绕"一带一路"建设提供的合作机遇及其前景等问题，达成了一系列新的重要共识，也通过和签署了一系列新的合作文件。这是 2019 年中国多边外交的一大盛举，也是国际舞台上引人瞩目的一件大事。不仅我们中国人，包括国际社会在内，大家都在思考这样一个问题：中国倡导和推动的"一带一路"，给中国自身，给沿线国家，给国际社会，究竟带来了什么？

　　"一带一路"提出近六年来，建设成就超出我们的预期，国际反响超出我们的想象。为什么会如此？我想，除了那些看得见的物化成果，譬如现代化基础设施、工业园区、民生工程、贸易与投资增长、一系列产能合作项目之外，更重要的是，我们在实践中提出了许多具有广泛影响的新理念。其中最突出的，就是新型发展观与新型合作观。

　　发展是硬道理。任何民族、任何国家，都必须以发展作为走向未来的基本动因。但在不同时代、不同国际环境下，人们对发展的理解往往不尽相同，不同民族、不同区域的发展路径也不尽相通，这是世界经济发展不平衡、人类进步程度不均等的主要原因。在和平发展依然是我们这个时代的主题，合作共赢已经成为国际社会主流诉求的形势下，我们倡导和推动的"一带一路"，不仅是要实现中国与外部世界的共同发展、联动发展，同时也是要促进世界上不同地区和所有国

---

　　* 这是作者 2019 年 6 月在一次研讨会上的发言。

家的互利发展、共赢发展。这样的发展，不仅是不同国家基础设施的互联互通，涉及诸多领域的大规模的高质量的产能合作，同时也是发展战略、发展思路、政策标准甚至是某些机制和体制的有机对接。这样的发展是人类历史上未曾有过的。不同民族、不同国家和地区，从独自发展转向共同发展，从封闭发展转为开放发展，从粗放发展转为绿色发展，从不稳定发展过渡到可持续发展，这是人类历史上的一个巨大进步，是正在走向伟大复兴的中华民族为解决人类共同发展问题作出的一个巨大贡献。

合作是大趋势。人类社会进入近现代以来，随着经济全球化不断向纵深发展，不同国家与地区之间的经济交往愈益广泛。但在西方国家主导全球化的背景下，旧的经济联系并非是真正意义上的平等合作，而是赤裸裸的经济扩张与掠夺剥削。苏联推动的社会主义国际劳动分工，也未能实现伙伴关系理应具有的互利合作，后来出现许多问题。我们在倡导"一带一路"建设过程中提出的新发展观以新合作观为重要前提。这种新合作观以共商共建共享为基本原则，不强人所难，不勉为其难，始终坚持以企业为行为主体，坚持遵循市场经济规律，超越社会制度差异，超越意识形态分歧，超越地缘环境限制，超越发展水平上的鸿沟。这样的合作，具有鲜明的时代特色：既可以是双边的，也可以是多边的；既要考虑合作方利益，也要考虑相关方利益；既要着眼于当前需要，也要有相当长远的考虑。

我们有理由相信，这种新型发展观与新型合作观引领下的"一带一路"建设，将持续推进并不断取得新成果，必然会持续改善中国的国际形象，提升中国的国际地位和作用；将显著改变亚太地区和"一带一路"沿线地区的地缘政治形态，改变世界经贸关系和整个国际关系走势，进而深刻影响人类社会的未来发展。

中国在推动"一带一路"建设过程中始终秉承新发展观与新合作观，坚持不搞经济扩张，不搞资源掠夺，不搞势力范围，不搞地缘政治小圈子，不输出价值观体系，不输出发展模式和经验，不把自己的意志强加于人，不谋求地区事务主导权，更不争夺全球事务影响力。这种理念与实践，主观上有助于加速中国走向世界舞台中心，进而实现中华民族全面复兴的伟大进程，客观上将带动广大发展中国家群体性崛起，提升新兴经济体国家参与全球治理的能力，极大地改变世界经济格局和经贸秩序，推动新一轮全球化朝着更加均衡普惠健康的方向发展。这样的发展与合作，还将有助于更全面更有效地落实联合国2030年可持续发展议程，促进南南合作和北南合作迈向新的历史阶段，为人类的共同进步与繁荣积累更多的成果和经验。它的国际作用和深远影响就在于此！

当前，人类社会正面临百年未有之大变局。在世界上多种矛盾彼此交织、多种因素相互作用、多种力量较量角逐、国际关系中的不稳定不确定性较前突出的复杂形势下，"一带一路"建设是促进中国与外部世界良性互动持续发展的重要途径，是中国与外部世界广泛而深入地相互了解、相互认知的重要窗口，是博大精深的中华文明与丰富多彩的世界文明彼此借鉴、优势互补的重要桥梁，更是中国走向世界、世界走进中国的最重要动因和引擎。

毋庸置疑，"一带一路"建设在带动周边地区、沿线各国以及所有合作伙伴国实现快速发展的同时，必将进一步促进中国的自身发展，加强中国在世界政治经济格局中的地位和作用。中国在全面而深刻地改变自身的同时，必将前所未有地广泛而深刻地影响世界。对此，我们有充分理由感到高兴和自豪。

当然，我们也必须注意到，"一带一路"建设是前无古人的伟大创举，是一个刚刚起步的历史过程。它只有进行时，没有完成时。目前我们所取得的成就与经验，还只是万里征程第一步。我们也不必讳言，国际上包括我们的周边地区，还存在着对"一带一路"国际合作的疑虑和恐惧，某些极端势力特别是恐怖主义势力进行捣乱和破坏，这是不可避免的，由此造成的损失是不可否认也不能低估的。

不过，令人欣慰的是，有关"一带一路"国际合作的安保工作，特别是海外安保工作，已经扎扎实实地开展起来。走出去的安保企业和机构数量之多，工作范围之广，协调力度之大，取得成就之好，至少超过了我的想象！刚才两个机构所做的汇报，给我们以很多启发。在当前国际恐怖活动异常活跃、针对"一带一路"的破坏活动频繁发生的情况下，对"一带一路"建设项目所在国的安全形势进行全面评估，对可能发生和已经发生的危机形势作出风险提示和预警通报，十分必要。这两家公司的经验值得认真借鉴和推广。

另一方面，我们也要看到，从总体上说，在海外开展安保工作，由于事关国家主权，涉及国际法和国内法的许多问题，再加上经验能力不足，人力财力物力方面也存在显而易见的短板，许多事情做得还不够理想，或者说还不尽如人意。譬如，情报信息搜集工作，仅靠网络远远不够。特别是涉及恐怖活动的情报信息，需要多种渠道和来源。更重要的是，已经获得的情报信息必须准确可靠，对外发布方式方法和时间节点，要有精准把握，否则后果严重，甚至不堪设想。

总而言之，海外安保对我国来说是一项新任务。我们在认真研究西方发达国家的经验和做法，在机制建设、队伍建设、能力建设和法律法规建设方面，需要主动争取国内外各方面的支持和帮助，首先要积极争取国内相关部门和驻外使领馆，以及相关国际组织与机构的扶助和配合。此外还要尽可能利用走出去的中资机构和企业，包括当地华人华侨团体的支持和配合，内外联通，群策群力，集思广益，积极开拓，审慎推进，因势利导，顺时而为，灵活应变，应当成为推进海外安保事业持续发展的指导思想和重要原则。

"一带一路"海外安保工作，已经成为"一带一路"国际合作总体事业的组成部分，理念还要发展，实践还要创新，视野还要拓展，经验还要总结。只要我们齐心协力，坚持不懈，勇于探索，积极创新，"一带一路"海外安保工作一定会不断取得新成果。在中华民族与整个世界协同发展、中国推动建立人类命运共同体的历史进程中，从事"一带一路"海外安保工作的机构和人员，一定会作出自己的独特贡献。也许，正是由于我们大家的共同努力，国际社会对"一带一路"国际合作的认可和参与，将会变得更加积极和主动。"中国需要世界，世界也需要中国"的国际共识，将会变得更加广泛和坚实，从而成为人类社会新的百年进程不可逆转的历史大势。

7. 坚持"五个超越"，提升金砖 国家合作水平[*]

很高兴能够应邀出席"新工业革命背景下金砖国家标准化国际交流与人才队伍建设研讨会暨第二届'之江标准'研讨会"。我认为，这样的会议，对于拓展金砖国家合作领域，提升合作质量和水平，意义不言而喻。

不久前，我在一次涉外活动中为国际友人讲述"中国故事"，包括"一带一路"框架下的国际合作问题。在答疑环节，有人提出一个问题：中国是个独具特色的国家，从长远看，你们的制度是否会妨碍"一带一路"的实施和推进？对于这个很有挑战性的问题，我当即做了解释，说明中国特色社会主义不会妨碍我国在"一带一路"框架下与任何国家开展务实合作，也不会影响我们在合作共赢理念指导下，同世界各国谋求共同发展。

金砖国家是当今世界新兴经济体的主要代表。金砖国家合作在世界经济发展和全球治理进程中的作用与日俱增，同时也备受瞩目。在这种形势下，我感觉，那位外国朋友提出的问题，不仅事关"一带一路"国际合作，同时也涉及我们之间的金砖合作，值得我们共同研究和思考。我认为，金砖国家要持续推进多领域务实合作，共同谱写联动发展、融合发展、互利发展、共赢发展新蓝图，引导建立新的国际

---

　　* 本文为作者 2018 年 9 月在杭州召开的"新工业革命背景下金砖国家标准化国际交流与人才队伍建设研讨会暨第二届'之江标准'研讨会"上的发言。

经济秩序和新型合作伙伴关系，必须坚持实现如下"五个超越"。

第一，超越社会制度差异。人类社会本质上是个多元而统一的集合体。自古以来，世界各民族的发展路径与制度设计就是千差万别的。当今世界，近 200 个主权国家，发展方向、政治体制、经济模式、社会治理方式依然五光十色，但彼此间的经济联系、人文交往、科技合作乃至安全协作，却比以往任何时候都更加活跃。实践已经反复证明并将继续证明，任何国家要实现自身的发展、进步与安全，都离不开日益广泛的对外交流与合作。具有不同发展道路与社会制度的国家相互尊重，不干涉别国的自主权利和内部事务，是平等互利、合作共赢的最重要的前提条件。中国和印度是社会制度截然不同的两个邻国，20 世纪 50 年代前期，双方曾共同提出并践行和平共处五项原则，为亚洲地区的和平稳定以及国际关系健康发展作出过重要贡献。中国与苏联曾经同属社会主义国家，苏联解体后，俄罗斯选择了完全不同以往的发展道路，但中俄两国彼此尊重对方的政治选择与制度设计，建立了不结盟不对抗不针对第三国的全面战略协作伙伴关系。双方不但解决了历史遗留的边界问题，大大增进了政治互信和安全合作，而且还共同努力，成功地建立了上海合作组织，而后又推动该组织成功扩员，吸收社会制度完全不同的印度和巴基斯坦加入。如今的金砖五国，拥有完全不同的国情背景和社会制度，但我们五国成功地搭建起不同于七国集团的对话机制和交流平台，多领域全方位务实合作不断扩大和深化，目前已经成为超越社会制度差异、引领新型合作关系的样板和典范。

第二，超越意识形态分歧。由于历史和国情不同，风俗习惯不同，社会文化底蕴和由此形成的文明路径不同，各民族价值观体系和各国官方意识形态必然有所不同。纵观当今世界，有些国家以基督教作为国家主体意识形态的根本遵循，有些国家则以伊斯兰教作为立国之本和治国之道，还有些国家实行意识形态多元化、安邦立国的指导思想兼收并蓄多种价值观因素和理念。中国则属于坚持以科学社会主义理论体系作为指导思想的国家。在人类社会发展进程错综复杂、国际关系演进始终千变万化的情况下，各国因意识形态分歧和价值观体系不同，会对世界上许多事情产生截然不同的认识和看法，甚至会在处理方式和方法上形成分歧和矛盾。人类社会发展进程中这种意识形态分歧，是自然而然的，并不可怕也无法回避。我们要深入研究和认真吸取二战后某些政治家以社会制度差异和意识形态分歧为借口，发动冷战、撕裂整个国际社会，导致东西方体系对抗、阵营对垒和制度对决的历史教训。同时也要坚持反对夸大意识形态分歧，激化价值观体系矛盾，将民主、自由、法治、人权等政治概念作为思想武器，恣意干涉别国内政、阻遏他国正常发展进程的后冷战思维和新霸权主义。在世界多极化、经济全球化、社会信息化、文化多元化和发展道路多样化加速发展的当今时代，世界各国只有真正超越意识形态分歧，才能在合作发展问题上真正实现求同存异，携手并进；才能在普遍安全问题上真正做到休戚与共，同舟共济；才能真正做到尊重世界文明多样性，以文明交流超越文明隔阂，以文明互鉴超越文明冲突，以文明共存超越文明优越。金砖国家合作起步时间不长，短短十余年间，在超越意识形态分歧，超越价值观体系差异，共同寻找和扩大发展利益契合点方面，取得了许多重要的合作成果，也积累了宝贵的合作经验。

第三，超越地缘政治博弈。世界各国由于所处的地缘环境不同，综合国力不同，在地区和国际事务中发挥的作用不同，因而拥有截然不同的地缘战略利益，经常会自觉不自觉地陷入风云变幻的地缘政治博弈和地缘利益纠纷之中。人类社会悠悠数千年的发展史，特别是进入近现代以来的世界格局变换史和国际关系演进史充分表明，地缘政治博弈和地缘利益之争对国与国之间、地区与地区之间的正常交往与共同发展，危害极大而又难于避免。二战结束后，美国在西欧推行马歇尔计划，苏联在东欧实行莫斯科主导的战后重建，均带有强烈的地缘政治博弈色彩，本质上是地缘战略利益之争。因此，战后欧洲重建虽然在维持社会稳定、促进经济发展方面取得一定成果，但最终加速了欧洲分裂，加剧了东西方冷战。美国主导建立的北大西洋公约组织、苏联主导建立的华沙条约组织，不是旨在维护地区和平与稳定的合作机制，而是美苏争霸欧洲和世界的战争工具。就连苏联后来主导建立的经济互助委员会，美国主导建立的巴黎统筹委员会等区域合作组织，也带有强烈的地缘政治博弈和地缘战略争夺色彩，缺乏或者说根本就没有平等、开放、包容、共赢等建设性因素。金砖五国地处亚欧非拉四大洲，为了和平与发展的崇高目标而走到一起，既突破了地理位置相近国家因地缘政治利益而集结为盟的传统范式，又从根本上避免了地缘政治冲突对跨区域合作可能造成的消极影响。金砖合作的整个机制与平台，坚实而稳固，具有强大生命力和良好发展前景。

第四，超越发展水平鸿沟。由于各国自然秉赋不同、历史积淀不同、内外环境不同、经济体量不同，世界上不同国家以及不同地区的发展水平差距甚大。过去如此，现在如此，将来还会如此。在不合理的旧世界经济秩序居于主导地位的时代，国与国之间的经济关系不可能是公平公正的。以大欺小、以强凌弱、以富暴贫，在国与国的经济关系中司空见惯。发达国家对发展中国家提供援助时附加政治条件，或以经济援助为手段粗暴干涉受援国内政的案例屡见不鲜。许多发展中国家因此沦为发达国家的经济附庸，丧失了主权和尊严。金砖五国在经济和社会发展总体水平方面，存在很大差别和差距，这是显而易见的，我们对此无须讳言。但可喜的是，金砖五国能够理性对待相互间的发展差异，在经济交往与务实合作中始终注意发挥各自优势、因势利导、扬长避短，始终坚持完全平等、互谅互让、利益兼顾。近年来，中方所提出的"一带一路"倡议，在拓展金砖国家合作范围、提升金砖国家合作水平方面，展现出了越来越大的特殊作用。中方倡导并大力践行的新义利观和共商共建共享三原则，不但对"一带一路"建设本身具有积极影响，同时也有助于金砖国家务实合作不断向纵深发展。金砖国家超越发展鸿沟的真诚合作不断取得积极成果，则有助于带动越来越多的发展中国家寻求跨越发展鸿沟的有效路径，共同推动南南合作向更高阶段迈进。

第五，超越标准迥异制约。在经济全球化持续发展的当今时代，产品标准化和应用国际标准问题已经受到各国政府普遍关注。早在1947年，国际标准化组织就已经应运而生了。但长期以来，从总体上看，包括金砖国家在内的广大发展中国家，对产品标准和标准化问题认识不足，也缺少这方面的经验和人才。中国直到1978年才正式加入该组织，2001年才成立国家标准化管理委员会。对于如何在本国引进和采用世界上广泛使用的国际标准，新兴经济体国家往往知之不多。标准迥异或各行其标，是广大发展中国家在更大范围、更高水平上参与经济全球化、扩大和深化对外经济技术合作的主要障碍。近些年来，全球范围内的标准化进程方兴未艾。不但发达国家，譬如美国、欧盟、日本、澳大利亚等建立了相对完备的标准体系，包括俄罗斯等转型国家、泰国等发展中国家，也都在积极推进本国产品的标准化进程。我国也已经建立起自己的标准体系，即中华人民共和国标准。据统计，中国目前共有标准3.7万余项。2018年10月14日是第49个世界标准日，如何提升本国标准的国际化水平，如何提升本国标准与世界标准接轨的速度，如何强化国际标准在本国的实施和监督，成为许多国家政府和企业热议的主要话题。我想，金砖国家要加强经济技术领域的合作，不断提升合作质量和水平。第一，要进一步加强各自国内的标准化建设进程；第二，要加强相互间的交流研讨与信息互换；第三，要加强与发达国家，特别是国际标准化组织的沟通与合作。标准化合作不仅应当成为金砖合作的重要组成部分，同时也应成为金砖国家与国际社会广泛合作的一个重要领域。

8. "一带一路"将开辟亚洲文明 共生共荣新路径[*]

近年来，随着经济全球化进入新的历史阶段，东西方力量对比更趋平衡，世界格局重组与国际秩序重建在加速推进。全球安全形势与全球治理态势，呈现许多新的特点和趋向。国际关系正处于冷战结束以来最剧烈、最复杂的深刻变动之中。我们所生活的亚洲地区，自然也不例外。

亚洲地区由 47 个幅员不等的主权国家共同组成，拥有 1000 多个历史起源不同、语言文化各异、生活习俗与宗教信仰千差万别的民族与部族。这里的人口总量已经超过 41 亿，约占全球人口总量的 2/3；这里的经济规模即 GDP 总量，目前约为 30 万亿美元，超过世界经济总量的 1/3，在世界各大洲中排名第一。这里的自然资源和各类能源储量极为可观，是人类社会繁衍生息的最重要依托，也是当今世界经济活力最大、发展潜能最好、充满机遇并大有希望的地区。

更为重要的是，这里是人类文明的重要发祥地之一，历史底蕴博大精深，文化积淀光耀千秋，与外部世界的交往与联系源远流长，各国人民创造的物质和精神财富，是人类社会取之不竭的无穷宝藏。绚丽多彩的亚洲文明，是整个人类文明的重要组成部分。亚洲文明，体现了人类社会发展的多样性和平等性，也体现了人类文明进程不可或缺的开放性与包容性。

当然，从发展角度看，亚洲许多国家生产力布局不合理、经济结

* 本文为作者 2019 年 4 月在亚洲文明对话大会分论坛上的讲话。

构不完善、区域发展不平衡、社会保障不均匀、科技文化不发达等问题，目前还比较突出。扶贫解困的任务还相当繁重。从安全角度看，这里所面临的传统安全与非传统安全问题相互交织。历史遗留的领土主权纠纷和海洋权益之争，在许多国家之间长期存在。外部势力插手地区事务引发的各种矛盾和冲突，此起彼伏。各国人民不仅面临域外霸权主义、强权政治和冷战思维的强大压力，同时也面临域内恐怖主义、分裂主义和极端主义的现实威胁。

正是因为世界多极化曲折发展，经济全球化波澜起伏，亚洲国家发展道路个性化、治理模式差异化、社会文化多样化才彼此牵动，互相影响，相得益彰，亚洲各国面临的共同问题、共同挑战才彼此类同，紧密交织；共同诉求与共同愿景才高度契合，相互融通。可以说，超越社会制度差异，超越意识形态分歧，超越经济发展鸿沟，超越地缘政治纷争，共同开拓和平发展之路，共同谋划合作共赢之道，共同应对时代风云变幻，走向命运与共的美好未来，这是当今时代亚洲各国人民的根本利益和最大利益所在。

2013年9—10月间，习近平主席利用访问哈萨克斯坦和印度尼西亚之机，发出了共建丝绸之路经济带和21世纪海上丝绸之路，即"一带一路"的倡议，全面开启了中国与亚洲各国乃至整个世界合作发展、联动发展、互利发展、共赢发展的历史新征程，得到了亚洲绝大多数国家的热烈欢迎和积极响应。

2017年5月，首届"一带一路"国际合作高峰论坛在北京举行，共有14位亚洲国家的元首或政府首脑来华参加了论坛活动。不久前第二届"一带一路"国际合作高峰论坛在北京举行时，来华参会的亚洲国家元首和政府首脑增加到了21位。随同来华参与分论坛活动和企业家大会的亚洲各国代表，不但人数众多，异常活跃，而且期望值甚高。论坛前后，中国与哈萨克斯坦签署的《中哈产能与投资合作规划》、有关部门与阿拉伯国家广播联盟签署的共建"一带一路"合作框架协议以及其他各种文件，标志着中国与亚洲国家共建"一带一路"的前景更加广阔。中国与亚洲国家新商定的合作项目，从基础设施扩展到科技、金融、民生、人文、环保等诸多领域。这一切充分说明，中国与亚洲各国全面扩大和深化"一带一路"框架下务实合作，大有可为。

习近平主席提出的"一带一路"倡议，之所以受到亚洲和世界各国的高度赞赏，一方面在于，通过"一带一路"国际合作，中国与亚洲国家以及"一带一路"沿线国家建成了一大批高质量、高标准的基础设施和民生工程，有力地带动和促进了相关国家现代化进程；另一方面还在于，"一带一路"建设作为中国提供给国际社会的公共产品，为亚洲和世界各国走向共同进步和繁荣，提供了强有力的思想引领和指南。这就是相互联动、互利共赢的发展观，义利兼顾、以义为先的合作观，休戚与共、统筹兼顾的安全观与开放包容、互学互鉴的文明观。

第二届"一带一路"国际合作高峰论坛的成功举办，再一次展示了中国与亚洲以及世界各国相向而行、共谋发展、携手并肩、和衷共济的新思路与新前景。正如习近平主席所说：出席论坛的各方领导人积极评价共建"一带一路"合作取得的进展和意义，丰富了共建"一带一路"合作理念，明确了未来共建"一带一路"合作的重点，一致支持着力构建全球互联互通伙伴关系、加强合作机制。

我们确信，通过未来更高质量的"一带一路"建设，中国和亚洲各国一定会加大投入，力排干扰，砥砺前行。一定会在加强政策沟通、拓展设施联通、力保贸易畅通、推动资金融通、深化民心相通等方面取得更大成就。一定能够通过发展思路、机制体制、政策法规的相互对接，开辟出不同文明互学互鉴的新路径，创造出命运与共的地区合作新范式，为打造全人类的命运共同体积累更多的成果与经验。

9. 推动智库与媒体高质量合作　服务 "一带一路" 高质量发展[*]

　　"一带一路" 国际合作历经五年多的探索和实践，取得了超乎预想的物质和精神成果，积累了许多可以普遍推广的成功经验，在国际上得到了更加广泛的认可和支持。参与 "一带一路" 国际合作的国家、区域组织和国际机构越来越多，越来越积极，越来越主动，越来越有建设性。这已经成为当前国际关系大发展大变革大调整，特别是世界经济关系深度调整和国际经贸格局重建过程中的一个重要现象。

　　在此背景下，国际社会高度关注的第二届 "一带一路" 国际合作高峰论坛，不久前成功举办。习近平主席在论坛上就推动 "一带一路" 高质量发展问题，阐述了一系列新的理论构想和政策主张，引起了 "一带一路" 合作伙伴和整个国际社会的热烈反响。与此相关的研讨活动和诠释解读近来十分活跃。

　　那么，什么是 "一带一路" 高质量发展，如何推进 "一带一路" 高质量发展，智库与媒体如何根据形势发展需要，实现高质量合作，为 "一带一路" 高质量发展提供高质量服务？大家见仁见智，此有所思，彼有所想，相互启迪。我理解，推动未来 "一带一路" 国际合作高质量发展，就是要继续遵循三大原则，即共商、共建、共享原则；严格秉承三大理念，即开放、绿色、廉洁理念；始终追求三大目标，即高标准、惠民生、可持续目标；努力实现三大统筹，即统筹经济增

---

　　* 这是作者 2019 年 5 月 18 日在中国外文局与南京市有关部门共同举办的智库与媒体合作研讨会上的发言。

长、社会发展、环境保护；长期聚焦三大领域，即互联互通、智能制造、数字经济。

习近平主席关于推动"一带一路"国际合作高质量发展的新构想，适应了这一前无古人的全球联动发展大业不断向纵深发展的客观需要，也符合国际社会渴望经济全球化健康发展，共同抵制孤立主义和保守主义，争取建立国际政治经济新秩序的普遍诉求，因而不仅得到第二届"一带一路"国际合作高峰论坛全体与会者的积极响应，同时也受到国际社会的普遍赞赏与好评。

当然，我们十分清楚地认识到，推动"一带一路"国际合作高质量发展，是一项艰巨而繁重的历史任务。这项工作不能简单地停留在概念性解读和口号性宣传层面，而是要坚持不懈地采取切实可行的政策措施，自始至终地见诸于实实在在的具体行动，见诸于"一带一路"国际合作的全过程。简而言之，就是要努力保证政策沟通高质量、合作项目高质量、外销产品高质量、产能转移高质量以及民心相通高质量。

所谓政策沟通高质量，就是要加强宏观发展理念交流，加强治国理政经验交换，加强法律法规与标准的对接。所谓合作项目高质量，就是要确保基础设施、惠民工程、园区建设的高质量。所谓外销产品高质量，就是要严控产品出口关，强化与相关国家的海关监管、标准认证及检疫检验合作，禁绝假冒伪劣商品和侵犯知识产权行为。所谓产业转移高质量，就是要在产能合作中摈弃过剩产能输出观，坚持输出优质产能、先进产能和特需产能。所谓民心相通高质量，就是要既着眼于当前"一带一路"国际合作的现实需要，也着眼于国家关系持续发展乃至整个国际关系全面变革的长远需求。

我们常说，国之交在于民相亲，而民相亲在于心相通。正因如此，我们把民心相通视为"一带一路"建设顺利推进的重要前提，视为基础设施项目和互联互通的社会根基。这项工作在"一带一路"国际合作中的基础性作用，将随着时间的推移和实践的发展而愈加突出。因此，民心相通工作要坚持不懈，要持之以恒，要努力实现内容丰富、形式多样、手段灵活的结合与统一。与时俱进的人文交往，包括教育合作、科技交流、出境旅游、文化贸易，等等，对于优化民心相通工作、提升民心相通质量，具有不可替代的甚至是不可或缺的重要意义。

民心相通工作不是孤军奋战之举，而是千军万马行为。智库与媒体，无疑是开展民心相通工作的重要方面军。"一带一路"国际合作的经验已经证明并将继续证明，智库与媒体在配合政策沟通、宣介设施联通、促进贸易畅通和资金融通等诸多方面，都具有十分重要的推动作用；对于增进社会各界对"一带一路"国际合作的认识认知和认同，更具有无可替代的特殊作用。这也是开展民心相通工作的一个最重要方面。面对"一带一路"国际合作高质量发展的时代要求，智库和媒体的工作也要提高质量和水平。其中一个最重要方面，就是探讨和加强智库与媒体的常态性合作，其中也包括中国智库与国外媒体优势互补的建设性合作。

智库是出思想出思路的地方，媒体则是联系国家与社会的纽带，是连接政府与民众的桥梁，更是沟通舆情与民意的重要工具和手段。具有对外传播能力和相应经验的外向型智库，可以与能量大的国外大媒体，即通常所说的主流媒体，建立较为稳定的长期合作伙伴关系。当然，也可采用灵活多样的联系方式和不定型的合作机制，持续不断地在海外开展有关"一带一路"国际合作高质量发展研究成果的发布推介活动，做好"一带一路"高质量发展的政策解读和相关信息传播工作。

换言之，我们的智库应主动借助国内外媒体的宣传手段，积极传播自己的研究成果。我们的媒体则应充分利用国内智库的资源和成果，放大自己的内外宣传效应。智库与媒体，都可以也应当不断加强与境外伙伴的业务交往，积极探索长期开展"一带一路"宣传合作的可能性，优化对外传播的质量和水平，提升宣讲中国经验、中国智慧、中国成就的宣传效果。通过不断改进和创新合作方式与方法，中外智库、媒体推进良性互动，本身就是深入做好新形势下民心相通工作的具体体现。为配合和推动"一带一路"国际合作高质量发展，中国智库、中国媒体应进一步解放思想，不仅在内部合作方面，同时更要在对外合作方面，作出新探索，积累新经验，作出新贡献。

后 记

　　2013 年，习近平主席访问中亚东南亚期间发出的中国与中亚国家共建丝绸之路经济带、与东盟国家共建 21 世纪海上丝绸之路经济带的倡议，即"一带一路"倡议，受到了国际社会的广泛欢迎。随着越来越多的国家、国际组织和跨国公司参与到"一带一路"建设进程中来，"一带一路"正在成为人类社会新百年发展进程中规模浩大、影响久远、持续不断的全球性行动。作为中国共产党、中华民族在人类历史新百年初始之际奉献给国际社会的最大一份公共产品，"一带一路"不但展示了中国与世界联动发展的新愿景，同时也开创了国际社会互利合作的新范式。

　　近年来，国内外有关"一带一路"的论坛、研讨和推介活动势如潮涌，至今仍方兴未艾，各种各样的研究成果和著述更是不计其数。2017 年 5 月，在人民出版社有关同志建议和帮助下，我在该社出版了第一本有关"一带一路"建设的文集——《"一带一路"：联动发展的中国策》。如今，时光荏苒，两年多时间过去，我国在推动"一带一路"建设方面，又取得许多新的成果，积累许多新的经验。国内外专家学者对于"一带一路"建设的理论和实践、成就与问题、现实意义和深远影响，又有许多新的认识和思考。

　　正是在这样一种情况下，我的第二本文集——《"一带一路"：国际合作的新范式》，将由党建读物出版社出版。这本书分三大部分，收录了我在 2017 年 3 月至 2019 年 6 月两年多时间里发表的有关"一带一路"建设的主要讲演和文稿。在此，谨对支持和协助本书出版的同事和朋友致以诚挚的谢意。

　　"一带一路"是一项前无古人的新型国际合作伟业。对"一带一路"国际合作事业的研究、观察和思考，是一个没有止境的过程。囿于信息资料相对不足、作者研究领域相对有限和能力水平等因素的制约，本书缺点不足自然在所难免。缺憾之处，敬请指正，共同探讨，不胜感激。

2020 年 1 月

图书在版编目（CIP）数据

"一带一路"：国际合作的新范式／于洪君著. —
北京：党建读物出版社，2020.3
ISBN 978 - 7 - 5099 - 1303 - 1

Ⅰ.①一… Ⅱ.①于… Ⅲ.①"一带一路"—国际合
作—研究 Ⅳ.①F125

中国版本图书馆 CIP 数据核字（2020）第 019114 号

"一带一路"

"YI DAI YI LU"

国际合作的新范式

于洪君　著

责任编辑：季利清
责任校对：钱玲娣
封面设计：李志伟
出版发行：党建读物出版社
地　　址：北京市西城区西长安街 80 号南楼（邮编：100815）
网　　址：http://www.djcb71.com
电　　话：010 - 58587122/7166
经　　销：新华书店
印　　刷：北京中科印刷有限公司
2020 年 3 月第 1 版　2020 年 3 月第 1 次印刷
710 毫米×1000 毫米　16 开本　12.5 印张　163 千字
ISBN 978 - 7 - 5099 - 1303 - 1　定价：29.00 元